CURSO DE AUTO-APRENDIZAJE BÍBLICO

DEREK PRINCE

CURSO DE AUTO-APRENDIZAJE BÍBLICO

CATORCE CURSOS PARA CONOCER LA PALABRA DE DIOS

WHITAKER HOUSE Español

Traducción al español por: Sara Raquel Ramos
Nota de la traductora:
Para mayor facilidad de traducción, el género masculino, en todas sus formas tanto plural como singular (i.e.: él, ellos, hombre, hombres, hijo, hijos, etc.), se utiliza en este libro en forma inclusiva para referirse a ambos géneros (masculino y femenino).

Editado por: Ofelia Pérez

Curso de Auto-Aprendizaje Bíblico
Edición básica
Publicado originalmente en inglés bajo el título: *Self-Study Bible Course*

ISBN: 978-1-64123-636-2
eBook ISBN: 978-1-64123-637-9

Impreso en los Estados Unidos de América

Derek Prince Ministries
P. O. Box 19501
Charlotte, North Carolina 28219-9501
www.derekprince.org

Whitaker House
1030 Hunt Valley Circle
New Kensington, PA 15068
www.whitakerhouse.com

Para comentarios sobre este libro o para información acerca de otros libros publicados por Whitaker House, favor de escribir a: comentarios@whitakerhouse.com.

CONTENIDO

INTRODUCCIÓN: INSTRUCCIONES PARA EL ESTUDIANTE

LEA ESTAS INSTRUCCIONES ANTES DE CONTESTAR CUALQUIER PREGUNTA

En la actualidad, casi en cualquier parte del mundo donde ha llegado el cristianismo, encontramos algunas personas a quienes les gustaría ser cristianos, pero están débiles, temerosas, desanimadas y derrotadas. En casi todos los casos la razón es la misma: esas personas jamás han aprendido a estudiar la Biblia por sí mismas, ni han aplicado Sus enseñanzas de manera práctica a sus vidas. Es por eso que Dios dice en Oseas 4:6: *"Mi pueblo fue destruido, porque le faltó conocimiento"*. Una vez que una persona llega al conocimiento de las verdades de la Biblia y cómo aplicar esas verdades de manera práctica a su propia vida, el resultado siempre es el mismo: paz, victoria, éxito y productividad.

1. PROPÓSITO DE ESTE CURSO BÍBLICO

Este Curso de Auto-aprendizaje tiene cuatro objetivos principales:

(1) Proveerle un fundamento de conocimiento bíblico sobre el cual usted podrá edificar una fuerte y exitosa vida cristiana;

(2) Darle práctica para escudriñar las Escrituras, y encontrar y reclamar las maravillosas promesas de Dios para usted;

(3) Enseñarle a analizar un pasaje de las Escrituras, de manera que encuentre por usted mismo su significado correcto;

(4) Formar en usted el hábito de aceptar solamente aquellas enseñanzas acerca de cosas espirituales que pueden ser comprobadas con referencia directa de la Biblia.

2. SISTEMA DE REFERENCIAS BÍBLICAS

La traducción de la Biblia que se usa en todo este curso es la versión Reina Valera 1960. Esta es la versión más conocida y de más fácil acceso para las personas de habla hispana en todo el mundo. Sin embargo, las grandes verdades de las Escrituras enseñadas en este curso no dependen de ninguna versión en particular, pues serían igualmente claras en cualquiera otra versión.

Usted debe aprender a encontrar cada libro de la Biblia y a entender el sistema de abreviaturas de los nombres de los libros, que se usa en el curso (para una clave detallada de este sistema, véase la "Clave para los nombres abreviados de los libros de la Biblia," en la página 10). Las referencias a los pasajes de la Escritura se dan como sigue: primero, el libro; segundo, el capítulo; y tercero, el versículo. Por ejemplo: Ro. 3:23, indica la Epístola a los Romanos, capítulo 3, versículo 23. Otro ejemplo: 1 Jn. 2:14, indica la Primera Epístola de Juan, capítulo 2, versículo 14. En los libros que no tienen capítulos, el número del versículo sigue inmediatamente al libro. Por ejemplo: 3 Jn. 2, indica la Tercera Epístola de Juan, versículo 2.

3. CÓMO LLEVAR A CABO LOS ESTUDIOS

En la parte posterior de cada hoja con preguntas hay un breve párrafo con el encabezamiento "Introducción". Esto le da un breve resumen de la enseñanza principal contenida en las preguntas que siguen. Siempre lea cuidadosamente la "Introducción" antes de responder a las preguntas.

En la primera hoja de preguntas, "Estudio Núm. 1: El plan de Dios para la salvación", hay 22 preguntas. En paréntesis, después de cada pregunta, hay referencias a uno o más pasajes de las Escrituras. La respuesta a cada pregunta se encuentra siempre en los pasajes mencionados en el paréntesis después de esa pregunta. Seguido de cada pregunta hay un espacio, indicado por una o más líneas, en la cual usted debe escribir su respuesta a la pregunta que se le hace. El procedimiento correcto para contestar las preguntas es el siguiente:

(1) Lea la pregunta cuidadosamente.

(2) Busque los pasajes de la Escritura mencionados en el paréntesis, y léalos cuidadosamente, hasta que encuentre la respuesta a la pregunta.

(3) En el espacio indicado por las líneas, escriba en lenguaje sencillo y breve la respuesta que haya encontrado.

Algunas veces, la respuesta a una pregunta debe dividirse en dos o más partes. En tales casos, los espacios para cada parte de la respuesta están numerados

(1) ____________ (2) ____________ (3) ____________ , etc.

Y cada parte de la respuesta debe escribirse en el espacio numerado correcto.

Para hacer todo esto más sencillo, seguidamente le damos las primeras dos preguntas del Estudio Núm. 1, con las respuestas correctas escritas, para mostrarle cómo y dónde escribir sus respuestas:

1. ¿Con qué propósito fueron creadas todas las cosas? (Ap. 4:11)

   Para el agrado de Dios ____________________

2. Escriba tres cosas que Dios merece recibir (Ap. 4:11).

   (1) *Gloria* ________ (2) *Honra* ________ (3) *Poder* ________

Cuando responda a estas preguntas por usted mismo, no solamente escriba las respuestas dadas arriba. Primero, mire los pasajes de la Escritura, y formule sus propias respuestas. Luego compare sus respuestas con las dadas anteriormente, para verificar si están correctas. Después prosiga a contestar de la misma manera el resto de las preguntas hasta que haya completado todo el estudio.

4. TRABAJO DE MEMORIA

Al comienzo de cada hoja de pregunta, hay un pasaje dado para memorizar. Debe aprenderse este pasaje de memoria. Esta es la manera de proceder:

Tome una tarjeta en blanco, en un lado y con letra de imprenta nítidamente escriba el número del estudio en la parte posterior de la esquina izquierda. Luego escriba la referencia de la Escritura en el centro, seguida del título del estudio. He aquí un ejemplo de como debe lucir su primera tarjeta:

Estudio Núm 1 Ro. 6:23 El Plan de Dios para la salvación (1)

En el otro lado de la tarjeta, escriba el pasaje de la Escritura, como sigue:

"Porque la paga del pecado es muerte; mas la dádiva de Dios es vida eterna en Cristo Jesús Señor nuestro".

Lleve consigo las tarjetas para memorizar. Siempre que tenga un momento disponible durante el día, tome el tiempo para revisar los versículos para memorizar. Revisar regularmente es el secreto del éxito de memorizar el versículo. De esta manera, usted no solamente aprenderá la Palabra de memoria, sino que la Palabra estará en su corazón, dándole guía, fortaleza, alimento espiritual, victoria sobre el diablo, y semilla para sembrar en el corazón de otros.

Cuando repita el pasaje a ser memorizado, siempre comience y termine diciendo la referencia del libro, capítulo y versículo. Por ejemplo, el primer pasaje para memorizar debe repetirse como sigue: "Romanos seis, veintitrés. *Porque la paga del pecado es muerte, mas la dádiva de Dios es vida eterna en Cristo Jesús Señor nuestro.* Romanos seis, veintitrés". Así usted no solo memorizará el pasaje, sino también su referencia en la Biblia. De esta manera podrá encontrarlo fácilmente en cualquier momento, ya sea para usted mismo o para los demás.

5. PROCEDIMIENTO PARA TRABAJAR EL CURSO

Escriba su respuesta a cada pregunta del Estudio Núm. 1, y luego —con la Biblia cerrada— escriba el versículo memorizado en el espacio provisto al final. Después, cambie a la página de Respuestas Correctas de este estudio. Revise sus propias respuestas usando como referencias estas Respuestas Correctas. Si su respuesta no coincide con la Respuesta Correcta correspondiente, lea de nuevo la pregunta y el pasaje pertinente de la Escritura, hasta que comprenda claramente la razón para la Respuesta Correcta.

En la página opuesta a las Respuestas Correctas, usted encontrará Notas acerca de estas respuestas, que las explican con mayor claridad. Tómese el tiempo necesario para leer estas notas, y escudriñar cualquier otro pasaje de la Escritura a las que se haga referencia en ellas.

Finalmente, evalúe su propio trabajo escribiendo contra cada respuesta a la que usted ha dado el puntaje que considera merecía por esa respuesta. Una norma sencilla de dar puntaje se da junto con las Respuestas Correctas. Si una respuesta se valoriza con más de un puntaje, no se otorgue la calificación completa a menos que su respuesta esté tan completa como la Respuesta Correcta. ¡Recuerde que los puntajes por el Trabajo de Memoria son importantes!

Añada sus puntajes por el Estudio Núm. 1, y revise este total usando como referencias las tres normas dadas al pie de las Respuestas Correctas: 50% o más se califica como "Pasa"; 70% o más, como un "Crédito"; 80% o más, como "Distinción".

Cuando haya completado todo lo que haya que hacer en conexión con el Estudio Núm. 1, pase al Estudio Núm. 2, y trabaje de la misma manera. Continúe haciéndolo así hasta que haya completado todo el curso. Los métodos para hacer los dos últimos estudios —Núms. 13 y 14— son ligeramente diferentes, pero están explicados claramente en el encabezado de cada Estudio.

¡Recuerde! ¡*Nunca* debe ver las respuestas correctas de ningún estudio hasta que primero haya escrito sus propias respuestas a cada pregunta de ese Estudio, incluyendo el Trabajo de Memoria!

Cuando haya completado el último Estudio, vaya a la página titulada "Calificaciones para el curso". Escriba sus puntajes para cada curso en el espacio provisto, súmelos y evalúe su criterio de logros para el curso como un todo. Sin embargo, usted notará que la evaluación final no puede expresarse meramente en términos de "puntajes", sino solamente en términos de las bendiciones espirituales y los logros duraderos que habrán llegado a usted por medio del trabajo fiel a lo largo de todo el curso.

6. CONSEJO PERSONAL FINAL

(5) Comience cada estudio con una oración, pidiéndole a Dios que le guíe y que le dé entendimiento.

(6) No trabaje demasiado rápidamente. No trate de completar todo el estudio en una sentada. Lea varias veces cada pasaje de las Escrituras hasta que esté seguro de su significado. Con frecuencia, le será muy útil leer varios versículos antes o después del pasaje de estudio, para entender su significado completo.

(7) Escriba nítida y claramente. No haga sus respuestas más largas de lo necesario. Utilice un lápiz de grafito con buena punta o un bolígrafo.

(8) Preste atención especial al Trabajo de Memoria.

(9) Ore diariamente para que Dios le ayude a aplicar en su propia vida las verdades que está aprendiendo.

CLAVE PARA LOS NOMBRES ABREVIADOS DE LOS LIBROS DE LA BIBLIA

LIBROS DEL ANTIGUO TESTAMENTO

I. LA LEY

Génesis	Gn.
Éxodo	Ex.
Levítico	Lv.
Números	Nm.
Proverbios	Pr.
Deuteronomio	Dt.

II. HISTÓRICOS

Josué	Jos.
Jueces	Jue.
Rut	Rt.
1 Samuel	1 S.
2 Samuel	2 S.
1 Reyes	1 R.
2 Reyes	2 R.
1 Crónicas	1 Cr.
2 Crónicas	2 Cr.
Esdras	Edr.
Nehemías	Neh.
Ester	Est.

III. LIBROS POÉTICOS

Job	Job
Salmos	Sal.
Proverbios	Pr.
Eclesiastés	Ec.
Cantares de Salomón	Cnt.

IV. PROFETAS MAYORES

Isaías	Is.
Jeremías	Jer.
Lamentaciones	Lm.
Ezequiel	Ez.
Daniel	Dn.

V. PROFETAS MENORES

Oseas	Os.
Joel	Jl.
Amós	Am.
Abdías	Abd.
Jonás	Jon.
Miqueas	Mi.
Nahum	Nah.
Habacuc	Hab.
Sofonías	Sof.
Hageo	Hag.
Zacarías	Zac.
Malaquías	Mal.

LIBROS DEL NUEVO TESTAMENTO

I. EVANGELIOS

Mateo	Mt.
Marcos	Mr.
Lucas	Lc.
Juan	Jn.

II. HISTÓRICOS

Hechos	Hch.

III. EPÍSTOLAS PAULINAS

Romanos	Ro.
1 Corintios	1 Co.
2 Corintios	2 Co.
Gálatas	Gá.
Efesios	Ef.
Filipenses	Fil.
Colosenses	Col.
1 Tesalonicenses	1 Ts.
2 Tesalonicenses	2 Ts.
1 Timoteo	1 Ti.
2 Timoteo	2 Ti.
Tito	Tit.
Filemón	Flm.
Hebreos	He.

IV. EPÍSTOLAS GENERALES

Santiago	Stg.
1 Pedro	1 P.
2 Pedro	2 P.
1 Juan	1 Jn.
2 Juan	2 Jn.
3 Juan	3 Jn.
Judas	Jue.

V. PROFECÍA

Apocalipsis	Ap.

(Nótese que "Juan" se refiere al evangelio de Juan, pero "1 Juan" se refiere a la Primera Epístola de Juan y así sucesivamente).

ESTUDIO NÚM. 1

EL PLAN DE DIOS PARA LA SALVACIÓN

INTRODUCCIÓN:

El pecado es una actitud espiritual interna de rebelión contra Dios, lo cual se expresa con actos externos de desobediencia. Todos nosotros somos pecadores de esta manera, y debido a nuestra vida pecaminosa le robamos a Dios la gloria que debemos a Él. El pecado es seguido por tres consecuencias principales: primero, la muerte espiritual interna, o separación de Dios; segundo, la muerte física del cuerpo; tercero, la exclusión final y eterna de la presencia de Dios a un lugar de oscuridad y tormento. Cristo vino para salvarnos de nuestros pecados. Él mismo sin pecado, tomó nuestros pecados para Sí, murió en lugar de nosotros, y, se levantó de entre los muertos para que pudiéramos ser perdonados y recibiéramos vida eterna.

Trabajo de Memoria: Romanos 6:23

Por favor, marque aquí cuando tenga preparada la tarjeta para memorizar: ☐

A. EL PECADO Y SUS CONSECUENCIAS

1. ¿Para qué propósito fueron creadas todas las cosas? (Ap. 4:11)

   ____

2. Escriba 3 cosas que Dios merece recibir (Ap. 4:11).

   (1) ________________ (2) ________________ (3) ________________

3. ¿De qué manera pecaron todos los hombres? (Ro. 3:23)

   ____

4. Cuando los hombres se apartaron de Dios, ¿cuáles fueron los primeros dos pecados que cometieron? (Ro. 1:21)

   (1) ____

   (2) ____

5. ¿Cuáles fueron los resultados de esto? (Ro. 1:21)

   (1) ¿En la mente del hombre? ______________________________

   (2) ¿En el corazón del hombre? ______________________________

6. Escriba dos hechos sobre el corazón humano (Jer. 17:9).

(1) ______________________________

(2) ______________________________

7. ¿Quién es el único que conoce la verdad acerca del corazón humano? (Jer. 17:10)

____

8. Escriba 13 cosas malas que salen del corazón humano (Marcos 7:21, 22).

(1) ______________ (2) ______________

(3) ______________ (4) ______________

(5) ______________ (6) ______________

(7) ______________ (8) ______________

(9) ______________ (10) ______________

(11) ______________ (12) ______________

(13) ______________

9. Si nosotros fuéramos capaces de hacer algo bueno y no lo hacemos, ¿cómo le llama Dios a eso? (Santiago 4:17)

____

10. Si decimos que no tenemos pecado, ¿qué nos hacemos a nosotros mismos? (1 Juan 1:8)

____

11. Si decimos que no hemos pecado, ¿qué le hacemos a Dios? (1 Juan 1:10)

____

12. ¿Qué consecuencia ha traído el pecado a todos los hombres? (Ro. 5:12, 6:23; Stg. 1:15)

____

13. ¿Cuál es el destino final de todos los pecadores que no se arrepientan? (Mt. 25:41; Ap. 20:12-15)

____

14. Escriba ocho clases diferentes de personas que irán al lago de fuego (Ap. 21:8).

(1) ______________________ (2) ______________________

(3) ______________________ (4) ______________________

(5) ______________________ (6) ______________________

(7) ______________________ (8) ______________________

B. EL PROPÓSITO DE LA MUERTE Y RESURRECCIÓN DE CRISTO

15. ¿Con qué propósito vino Cristo al mundo? (1 Ti. 1:15)

____

16. ¿A quiénes llamó Cristo y a quiénes recibió Él? (Mt. 9:13; Lucas 15:2)

____

17. ¿Cristo cometió algún pecado? (He. 4:15; 1 P. 2:22)

____

18. ¿Qué llevó Cristo en la cruz por nosotros? (1 P. 2:24)

____

19. ¿Con qué propósito murió Cristo en la cruz? (1 P. 3:18)

____

20. ¿Qué tres hechos acerca de Cristo enseñó Pablo como el evangelio? (1 Co. 15:3, 4)

(1) ____

(2) ____

(3) ____

21. Siendo que Cristo vive para siempre, ¿qué es Él capaz de hacer por aquellos que vienen a Él? (He. 7:25)

____

22. Escriba tres cosas que ahora se le ofrecen en el nombre de Jesús a todos los hombres. (Lucas 24:47; Hechos 4:12)

(1) ____

(2) ____

(3) ____

Trabajo de Memoria: Romanos 6:23

Escriba de memoria este versículo.

No cambie la página hasta que haya completado todas las respuestas de este estudio.

ESTUDIO NÚM. 1: EL PLAN DE DIOS PARA LA SALVACIÓN

RESPUESTAS CORRECTAS Y PUNTAJES

Pregunta Núm.	Respuestas	Puntajes
1.	Para el agrado de Dios	1
2.	(1) Gloria (2) Honra (3) Poder	3
3.	Todos están destituidos de la gloria de Dios	1
4.	(1) Ellos no glorificaron a Dios (2) Ellos no fueron agradecidos	2
5.	(1) Envanecieron su imaginación	1
	(2) Sus necios corazones fueron entenebrecidos	1
6.	(1) Es engañoso sobre todas las cosas	1
	(2) Es malo desesperadamente	1
7.	El Señor (Dios)	1
8.	(1) Pensamientos malignos (2) Adulterios (3) Fornicaciones	3
	(4) Homicidios (5) Hurtos (6) Avaricias	3
	(7) Maldades (8) Engaño (9) Lascivia	3
	(10) Maledicencia (11) Blasfemia (12) Orgullo	3
	(13) Necedades	1
9.	A eso Dios le llama pecado	1
10.	Nos estamos engañando a nosotros mismos	1
11.	Estamos haciendo mentiroso a Dios	1
12.	La muerte	1
13.	Fuego eterno – el lago de fuego – la muerte segunda	1
14.	(1) Los cobardes (2) Los incrédulos	2
	(3) Los abominables (4) Los homicidas (5) Los fornicarios	3
	(6) Los hechiceros (7) Los idólatras (8) Todos los mentirosos	3
15.	Salvar a los pecadores	1
16.	Cristo llamó y recibió a pecadores	1
17.	Ninguno	1
18.	Nuestros pecados	1
19.	Para llevarnos a Dios	1
20.	(1) Cristo murió por nuestros pecados (2) Él fue sepultado	2
	(3) Él resucitó al tercer día	1
21.	Salvarlos perpetuamente	1
22.	1) Arrepentimiento (2) Remisión de pecados (3) Salvación	3

Consulte su Biblia para el Trabajo de Memoria escrito.
Si está perfecto, dése 4 de puntaje. 4
(1 punto menos por cada error; si hay más de 3 errores, no hay puntaje)

Total 54

50%—27 70%—38 80%—43

NOTAS ACERCA DE LAS RESPUESTAS CORRECTAS

(Los números en el margen izquierdo corresponden a los números de las respuestas correctas de la página anterior)

1-4. Básicamente, el pecado del hombre es su fracaso en cumplir la función que Dios le dio. El hombre fue creado para glorificar a Dios. *"Él es la imagen y gloria de Dios"* (1 Co. 11:7), y cualquier comportamiento del hombre que falle en glorificar a Dios, es pecado.

3. *"Están destituidos de la gloria de Dios"*. El cuadro está tomado de una flecha disparada al blanco, pero falló en darle. La "marca" de la existencia del hombre es *"la gloria de Dios"*. Sin embargo, todos fallaron en dar en el blanco (Compare Fil. 3:14).

6-8. Todos estos pasajes generalmente hablan acerca del *"corazón"*. Describen la condición interna de toda la humanidad caída, sin excepciones.

8. No todos los pecados mencionados aquí son realmente cometidos por todos los hombres. Pero las *"semillas"* de todos estos pecados se encuentran en cada corazón. El carácter y las circunstancias, combinados, deciden cuál de estas *"semillas"* sacarán a la luz las acciones correspondientes en la vida de cualquier individuo.

9. Muchas personas son culpables, no tanto por lo que "cometieron", sino por lo que "omitieron". En Mt. 25:3, 25, 45, las vírgenes insensatas, el mayordomo infiel y las naciones "cabritas" son todos condenados por lo que no hicieron.

13. Nosotros debemos distinguir dos lugares diferentes: (1) "El Infierno" (en hebreo "sheól", o en griego "hades"), un lugar de confinamiento para las almas que han partido, antes de la resurrección y juicio (ver Lc. 16:23); (2) El "Gehena" o lago de fuego, un lugar de castigo sin fin para los perversos, después de la resurrección y juicio (ver Ap. 20:12-15).

14. Nótense las primeras 2 clases de condenados: "los cobardes" y los "incrédulos". ¿Cuántas personas "religiosas" están incluidas?

18. *"Pero ahora, en la consumación de los siglos, se presentó* [Cristo] *una vez para siempre por el sacrificio de sí mismo para quitar de en medio el pecado"* (He. 9:26). Por medio de la ley de Moisés, el pecado era "cubierto" temporalmente (ver He. 10:1-4). Por medio de la muerte de Cristo finalmente el pecado fue "quitado" (ver He. 10:11-18).

19. La falta de perdón de pecados es la gran barrera entre Dios y el hombre (ver Is. 59:2). Cuando el pecado fue quitado por Cristo en la cruz, el camino fue abierto para que el hombre volviera a Dios. Cualquier barrera que ahora permanezca es de parte del hombre, no de parte de Dios.

20. La "fe" se construye sobre "hechos". El "evangelio" está basado en estos tres simples hechos históricos.

21. "Perpetuamente" incluye toda necesidad de cada pecador, en el tiempo y hasta la eternidad. Cristo es suficiente para todo.

ESTUDIO NÚM. 2

EL PLAN DE DIOS PARA LA SALVACIÓN
(CONTINUACIÓN)

INTRODUCCIÓN:

Ahora Dios nos ofrece la salvación, no por medio de alguna religión o por buenas obras, sino por nuestra fe personal en Cristo. Para poder ser salvos, debemos reconocer nuestros pecados y arrepentirnos (esto es, apartarnos de nuestros pecados); debemos creer que Cristo murió por nosotros, y que resucitó; debemos recibir como nuestro Salvador personal al Cristo resucitado, y debemos reconocerlo públicamente como nuestro Señor. Después que hayamos recibido de esta manera a Cristo, Él mora continuamente en nuestros corazones por fe, y Él nos da la vida eterna y el poder para vivir una vida de rectitud y victoria sobre el pecado.

Trabajo de Memoria: Juan 1:12–13 (Repase diariamente Romanos 6:23)

Por favor, marque aquí cuando tenga preparada la tarjeta para memorizar: ☐

C. CÓMO PODEMOS RECIBIR LA SALVACIÓN

23. ¿Cuándo debemos buscar la salvación? (Pr. 27:1; 2 Co. 6:2)

____

24. ¿Podemos salvarnos a nosotros mismos por medio de nuestras propias buenas obras? (Ef. 2:8-9; Tit. 3:5)

____

25. ¿Podemos ser salvos por guardar la ley? (Ro. 3:20)

____

26. Si queremos alcanzar la misericordia de Dios ¿qué dos cosas debemos hacer? (Pr. 28:13)

(1)______________________________

(2)______________________________

27. Si confesamos nuestros pecados ¿qué dos cosas hará Dios por nosotros? (1 Juan 1:9)

(1)______________________________

(2)______________________________

28. ¿Cuál es el remedio de Dios para limpiar nuestros corazones de todo pecado? (1 Juan 1:7)

____

29. Si deseamos ser salvos ¿qué dos cosas debemos hacer? (Ro. 10:9-10)

(1) ¿Con nuestros corazones? ______________________________

____

(2) ¿Con nuestras bocas? ______________________________

____

30. Si venimos a Cristo ¿nos rechazará Él? (Juan 6:37)

____

31. Si abrimos nuestros corazones para recibir a Cristo ¿qué promesa nos ha dado Él? (Ap. 3:20)

____

32. Si recibimos a Cristo ¿qué nos da Él? (Juan 1:12)

____

33. ¿Qué experiencia tenemos como resultado? (Juan 1:13)

____

34. Cuando recibimos a Cristo ¿qué nos da Dios por medio de Él? (Ro. 6:23)

____

35. ¿Es posible para nosotros saber que tenemos vida eterna? (1 Juan 5:13)

____

36. ¿Qué información nos da Dios con respecto a Cristo? (1 Juan 5:11)

____

37. Si hemos recibido a Jesucristo, el Hijo de Dios, ¿qué tenemos? (1 Juan 5:12)

____

D. LA SALVACIÓN DA PODER PARA VENCER AL MUNDO Y AL DIABLO

38. Después que hemos recibido a Cristo ¿quién vive en nuestros corazones por fe? (Gá. 2:20; Ef. 3:17)

____

39. ¿Qué podemos hacer con la fortaleza que Cristo nos da? (Fil. 4:13)

____

40. Si confesamos a Cristo ante los hombres ¿qué hará Él por nosotros? (Mt. 10:32)

____

____

41. Si negamos a Cristo ante los hombres ¿qué hará Él por nosotros? (Mt. 10:33)

____

____

42. ¿Qué clase de persona puede vencer al mundo y sus tentaciones?

(1) (1 Juan 5:4) ____

(2) (1 Juan 5:5) ____

43. ¿Por qué los hijos de Dios pueden vencer al mundo? (1 Juan 4:4)

____

____

44. ¿Por medio de qué dos cosas el pueblo de Dios vence al diablo? (Ap. 12:11)

(1) ____

(2) ____

45. ¿A quién prometió Dios recibir en el cielo como Su hijo? (Ap. 21:7)

____

Trabajo de Memoria: Juan 1: 12-13

Escriba de memoria estos versículos.

____

____

____

____

____

No cambie la página hasta que haya completado todas las respuestas de este Estudio.

ESTUDIO NÚM. 2 EL PLAN DE DIOS PARA LA SALVACIÓN (CONTINUACIÓN)

RESPUESTAS CORRECTAS Y PUNTAJE

Pregunta Núm.	Respuestas	Puntaje
23.	Ahora, hoy	1
24.	No	1
25.	No	1
26.	(1) Confesar nuestros pecados (2) Abandonar nuestros pecados	2
27.	(1) Perdonarnos nuestros pecados	1
	(2) Nos limpia de toda injusticia	1
28.	La sangre de Jesucristo, el Hijo de Dios	1
29.	(1) Creer que Dios levantó de entre los muertos a Jesús	2
	(2) Confesar a Jesús como Señor	1
30.	No	1
31.	"Entraré"	1
32.	Potestad para ser hechos hijos de Dios	1
33.	Somos engendrados de Dios (= nacidos de nuevo)	1
34.	Vida eterna	1
35.	Sí (Juan escribió con ese propósito)	1
36.	Dios nos ha dado vida eterna en Cristo	2
37.	Vida eterna	1
38.	Cristo vive en nuestros corazones	1
39.	Todas las cosas (que Dios desea que nosotros hagamos)	1
40.	Él nos confesará ante Su Padre celestial	1
41.	Él nos negará ante Su Padre celestial	1
42.	(1) El que es nacido de Dios (por medio de la fe)	2
	(2) El que cree que Jesús es el Hijo de Dios	1
43.	Porque el que está en ellos (=Dios) es más grande que el que está en el mundo (= el diablo)	2
44.	(1) Por la sangre del Cordero (= Cristo)	1
	(2) Por la palabra de su testimonio	1
45.	Al que venciere	1
Consulte su Biblia para el Trabajo de Memoria escrito. Si está perfecto, dése 4 de puntaje. (1 punto menos por cada error; si hay más de 3 errores, no hay puntaje)		4
		TOTAL 40

50%—20 70%—28 80%—32

NOTAS ACERCA DE LAS RESPUESTAS CORRECTAS

(Los números en el margen izquierdo corresponden a los números de las respuestas correctas de la página anterior)

24–25. La Biblia elimina todo intento del hombre para salvarse por sí mismo o hacerse justo por sí mismo, aparte de la gracia de Dios recibida por medio de la fe en Cristo.

25. La ley no fue dada para volver al hombre justo, sino para mostrarle que él es un pecador y que no puede salvarse a sí mismo (ver Ro. 3:20; 7:7-13).

26. Meramente "confesar" el pecado sin "abandonarlo" no consigue para el hombre la misericordia de Dios (Compare Is. 55:7).

27. Cuando Dios perdona el pecado, Él también limpia el corazón del pecador. Una vez limpiado, el pecador no continúa cometiendo los pecados que ha confesado.

28. Fuera de la sangre de Cristo, el hombre no tiene remedio para su corazón pecaminoso.

29. (2) "Confesar" a Jesús como Señor. Esta palabra es más exacta que la traducción de la Reina Valera (Compare 1 Co. 12:3; Fil. 2:11).

31. Nótese que las palabras de Ap. 3:20 están dirigidas a una iglesia cristiana profesante (Laodicea). Pero a pesar de su profesión, el mismo Cristo quedó fuera, buscando cómo lograr entrada. ¿A cuántas iglesias cristianas se aplica esto hoy? La promesa de Cristo de "entrar" está hecha para cada individuo, no para la congregación como un todo. La decisión de recibir a Cristo siempre es un asunto individual.

32. "Potestad" – más correctamente, "autoridad".

33. Juan 3:1-7 nos dice que "debemos nacer de nuevo". Juan 1:12-13 nos dice cómo podemos nacer de nuevo (de Dios). Es por medio de recibir a Cristo como nuestro Salvador personal y Señor.

34. Nótese el contraste en Ro. 6:23 (a) "paga" = la debida recompensa por los pecados cometidos; (b) "dádiva" = la libertad, el don inmerecido de la gracia de Dios.

38. La vida cristiana continúa como comienza, "por fe". *"Por tanto, de la manera que habéis recibido al Señor Jesucristo, andad en Él"* (Col. 2:6). Recibimos a Cristo por fe. Andamos en Cristo por fe (2 Co. 5:7).

39. Más literalmente: "Todo lo puedo en Cristo que está en mí y me da poder" (ver Fil. 4:13).

40–41. Cristo es el *"sumo sacerdote de nuestra profesión (confesión)"* (He. 3:1). Su "ministerio de sumo sacerdote a favor nuestro está limitado al grado en que lo confesemos" a Él (Compare He. 4:14 y 10:21-23). Al final nosotros solo tenemos dos alternativas: "confesar" o "negar".

44. *"Por la sangre del Cordero y la palabra de nuestro testimonio"* quiere decir que nosotros testificamos personalmente lo que la Palabra de Dios dice acerca de lo que la sangre de Cristo hace por nosotros. He aquí algunos de los grandes beneficios recibidos por medio de la sangre de Cristo: (1) redención (Ef. 1:7); (2) limpieza (1 Jn. 1:7); (3) justificación (Ro. 5:9); (4) santificación (He. 13:12).

45. Compare Ro. 12:21. Al final, solo quedan dos alternativas: vencer o ser vencidos.

ESTUDIO NÚM. 3

EL PLAN DE DIOS PARA LA SANIDAD DE NUESTROS CUERPOS

INTRODUCCIÓN

Al apartarse de Dios en desobediencia, el hombre perdió la bendición y la protección de Dios, y cayó bajo la maldición y el poder del diablo. De este modo, el diablo fue capaz de traer sobre el cuerpo del hombre muchas formas de dolor, debilidad y enfermedad. No obstante, Dios en Su misericordia todavía desea bendecir al hombre y salvarlo no solamente del pecado, sino también de la enfermedad. Por esta razón Cristo llevó en la cruz no solamente nuestros pecados, sino también nuestras enfermedades. Por tanto, por medio de la fe en Cristo ahora nosotros podemos recibir sanidad física para nuestros cuerpos, así como perdón y paz para nuestras almas.

Trabajo de Memoria: 1 Pedro 2:24 (Repase diariamente Juan 1: 12-13)

Por favor, marque aquí cuando tenga preparada la tarjeta para memorizar: ☐

A. GENERAL: ¿QUIÉN TRAE LA ENFERMEDAD Y QUIÉN TRAE LA SANIDAD?

1. ¿Quién fue el primero que engañó al hombre y lo tentó para que desobedeciera a Dios? (Gn. 3:1-13; 1 Jn. 3:8; Ap. 12:9)

___

2. ¿Por qué vinieron primero al hombre el sufrimiento, la enfermedad y la muerte? (Gn. 3:16-19)

___

3. ¿Quién le trajo enfermedad a Job? (Job 2:7)

___

4. ¿Quién le trajo enfermedad a la mujer aquí descrita y cómo? (Lc. 13:11,16)

___

5. ¿Quién oprime a las personas con enfermedades? (Hch. 10:38)

___

6. ¿Qué promete hacer Dios por Su pueblo que le obedece? (Ex. 15:26)

___

___

7. ¿Qué dos cosas promete Dios hacer por Su pueblo que le sirve? (Ex. 23:25)

   (1) ______________________________

   (2) ______________________________

8. ¿Las enfermedades pertenecen al pueblo de Dios o sus enemigos? (Dt. 7:15)

   ____

9. ¿Qué dos cosas dijo David que el Señor hizo por él? (Sal. 103:3)

   (1) ______________________________

   (2) ______________________________

10. ¿Qué tres cosas deseaba el apóstol Juan para su amigo cristiano? (3 Jn. 2)

    (1) ______________________________

    (2) ______________________________

    (3) ______________________________

11. ¿Cuántas promesas de Dios podemos reclamar por la fe en Cristo? (2 Co. 1:19-20)

    ____

12. ¿Con qué propósito se manifestó Cristo en el mundo? (1 Jn. 3:8)

    ____

13. ¿Con qué propósito Dios ungió a Cristo con el Espíritu Santo? (Hch. 10:38)

    ____

14. ¿La voluntad de quién vino a cumplir Cristo? (Jn. 5:30; 6:38)

    ____

15. ¿Quién operaba los milagros de Cristo en Él? (Jn. 10:37-38; 14:10)

    ____

16. ¿A cuántos sanó Cristo de entre aquellos que vinieron a Él? (Mt. 8:16; 12:15; 14:35-36; Lc. 4:40; 6:19)

    ____

17. ¿Cuántas clases de enfermedades sanó Cristo? (Mt. 4:23-24; 9:35)

    ____

18. ¿Cuál fue la razón para que Cristo no sanara a mucha gente? (Mt. 13:58; Mr. 6:5-6)

____

19. ¿Dios nunca cambia? (Mal. 3:6; Stg. 1:17)

____

20. ¿Cristo nunca cambia? (He. 13:8)

____

B. EL PROPÓSITO DE LA MUERTE DE CRISTO EN LA CRUZ

21. Mencione tres cosas que Cristo llevó en nuestro lugar (Mt. 8:17; 1 P. 2:24).

(1) ____________________

(2) ____________________

(3) ____________________

22. Como resultado ¿qué tres consecuencias podemos tener en nuestras vidas? (1 P. 2:24)

(1) ____________________

(2) ____________________

(3) ____________________

23. ¿En qué se convirtió Cristo por nosotros? (Gá. 3:13)

____

24. ¿De qué nos ha redimido Cristo? (Gá. 3:13)

____

25. ¿Cuántas clases de enfermedades estaban incluidas en la maldición de la Ley? (Dt. 28:15, 21, 22, 27, 29, 35, 59-61)

____

26. ¿Cuál nos da Dios a escoger: la bendición o la maldición? (Dt. 30:19)

____

Trabajo de Memoria: 1 Pedro 2:24

(Este versículo se refiere a Cristo) Escriba de memoria este versículo.

No cambie esta página hasta que haya completado todas las respuestas de este Estudio.

RESPUESTAS CORRECTAS Y PUNTAJE

Pregunta Núm.	Respuestas	Puntaje
1.	La serpiente – el diablo – Satanás	1
2.	Porque el hombre desobedeció a Dios	1
3.	Satanás – el diablo	1
4.	Satanás la ató con un espíritu de enfermedad	2
5.	El diablo	1
6.	Para no poner ninguna de las enfermedades de Egipto sobre ellos – para sanarlos	2
7.	(1) Bendecir su pan y agua	1
	(2) Quitar las enfermedades de ellos	1
8.	A los enemigos del pueblo de Dios	1
9.	(1) El Señor perdonó todas sus iniquidades	1
	(2) El Señor sanó todas sus enfermedades	1
10.	(1) Que él pudiera prosperar	1
	(2) Que él pudiera tener salud	1
	(3) Que su alma pudiera prosperar	1
11.	Todas las promesas de Dios	1
12.	Para destruir las obras del diablo	1
13.	Para hacer el bien y sanar a todos los que estaban oprimidos por el diablo	1
14.	La voluntad de Dios el Padre	1
15.	Dios el Padre	1
16.	Todos – cada uno	1
17.	Toda clase de dolencias y enfermedades	1
18.	La incredulidad de esas personas	1
19.	Nunca	1
20.	Nunca	1
21.	(1) Nuestras enfermedades (2) Nuestras dolencias (3) Nuestros pecados	3
22.	(1) Podemos ser muertos al pecado	1
	(2) Podemos vivir en rectitud	1
	(3) Por sus llagas (las de Cristo) fuimos sanados	1
23.	Una maldición	1
24.	La maldición de la Ley	1
25.	Toda clase de dolencias	1
26.	Bendición	1

Consulte su Biblia para el Trabajo de Memoria escrito.
Si está perfecto, dése 4 de puntaje. 4
(1 punto menos por cada error; si hay más de 3 errores, no hay puntaje)

TOTAL 40

50%—20 70%—28 80%—32

NOTAS ACERCA DE LAS RESPUESTAS CORRECTAS

(Los números en el margen izquierdo corresponden a los números de las respuestas correctas de la página anterior)

1–2. Gn. 3 revela la raíz que causa todo el sufrimiento humano, y traza el origen hasta el diablo. Jesús mismo dijo del diablo: *"Él ha sido homicida desde el principio"* (Jn. 8:44).

3–5. Si trazamos la enfermedad hasta su fuente, encontramos que el diablo es el único autor de ella. Esta es parte de *"las obras del diablo"*.

6. Una traducción alterna: *"Yo soy Jehová tu Doctor"* (Ex. 15:26).

9. Nótese la repetición de "todo" con ambas frases: "iniquidades" y "enfermedades".

10. Nótese que Gayo, a quien Juan escribió, era un modelo de creyente, *"caminando en la verdad"* y *"haciendo fielmente"* sus deberes cristianos (3 Jn. 35).

11. Segunda de Corintios 1:20 rechaza las teorías dispensacionales, las cuales roban a los cristianos de los beneficios de la sanidad física en esta presente dispensación. *"Todas"* las promesas de Dios son palpables (*ahora*) para *"nosotros"* (= para todos los cristianos). Aplicado personalmente: "Cada promesa que se ajusta a mi situación y suple mis necesidades son para mí ahora".

12. Las tres Personas de la Deidad están activamente presentes en el ministerio de sanidad. El *Padre* ungió al *Hijo* con el *Espíritu*. El resultado: sanidad para todos.

14–15. Cristo es la manifestación perfecta de la voluntad del Padre. Esto se aplica a la sanidad como a todo lo demás que Cristo hizo.

16-18. No se registra en los evangelios que alguna persona haya venido a Cristo por sanidad y no haya sido sanado.

19–20. La verdad inmutable del Evangelio se basa en la naturaleza inmutable de Dios mismo.

21. Tanto Mateo como Pedro citan aquí a Is. 53:4-5. La traducción literal correcta de Is. 53:4 es: "Seguramente Él llevó nuestras enfermedades, y llevó nuestros sufrimientos". Esto se refiere a Cristo. En 1 P. 2:24 la palabra traducida como "sanados" corresponde a la palabra griega básica para sanidad física, de la cual se deriva la palabra griega para "doctor".

24. "La maldición de la ley" significa la maldición que resulta de quebrantar la ley. Esta maldición se describe completamente en Dt. 28:15-68. Este pasaje describe toda forma de enfermedades.

26. Dios establece dos pares opuestos: ya sea (a) la "vida" y la "bendición"; o (b) la "muerte" y la "maldición". Al hombre le toca escoger.

ESTUDIO NÚM 4

EL PLAN DE DIOS PARA LA SANIDAD DE NUESTROS CUERPOS (CONTINUACIÓN)

INTRODUCCIÓN

La sanidad para nuestros cuerpos viene de Dios a través del oír y creer la Palabra de Dios, y por permitir que el Espíritu Santo llene nuestros cuerpos con la vida de resurrección de Cristo. No solamente podemos recibir sanidad para nuestros propios cuerpos de esta manera, sino que también en el nombre de Jesús, podemos ofrecer sanidad y liberación a otros. Dos maneras principales en las que podemos lograr esto son imponiendo nuestras manos sobre los enfermos y orando por ellos, o buscando a los ancianos de la iglesia para que los unjan con aceite en el nombre del Señor. Si actuamos en fe de este modo, Dios obrará en nosotros y confirmará la verdad de Su Palabra mediante los milagros de sanidad y liberación.

Trabajo de Memoria: Marcos 16:17–18 (Repase diariamente 1 Pedro 2:24)

Por favor, marque aquí cuando tenga preparada la tarjeta para memorizar: ☐

C. TRES FORMAS DE SANIDAD: (1) LA PALABRA DE DIOS, (2) EL ESPÍRITU DE DIOS, (3) NUESTRA FE

27. ¿Qué envía Dios para sanarnos y libertarnos? (Sal. 107:20)

____

28. Mencione dos cosas que las palabras de Dios traen a Sus hijos (Pr. 4:2022).

(1) ____

(2) ____

29. Si el Espíritu de Dios mora en nosotros, ¿qué hará con nuestros cuerpos mortales? (Ro. 8:11)

____

30. ¿Qué quiere Dios manifestar en nuestros cuerpos mortales? (2 Co. 4:10-11)

____

31. ¿Qué busca Jesús en aquellos que vinieron a Él por sanidad? (Mt. 9:28-29; Mr. 2:5, 9:23; Lc. 8:50)

____

32. ¿Cómo explicó Pedro la sanidad del hombre cojo? (Hch. 3:16)

____

____

33. ¿Qué percibió Pablo en el inválido de Listra, que le permitió a este ser sanado? (Hch. 14:8-10)

____

34. ¿Cómo nos llega la fe? (Ro. 10:17)

____

D. LA AUTORIDAD OTORGADA A LOS CREYENTES

35. Mencione las dos clases de poder que Cristo les dio a Sus discípulos (Mt. 10:1).

(1) ______________________________

(2) ______________________________

36. Mencione cuatro cosas que Cristo ordenó a Sus discípulos que hicieran (Mt. 10:8).

(1) ______________________________

(2) ______________________________

(3) ______________________________

(4) ______________________________

37. Cuando los discípulos fracasaron en sanar a un epiléptico, ¿qué dos razones dio Jesús? (Mt. 17:20-21; Mr. 9:29)

(1) ______________________________

(2) ______________________________

38. ¿Qué dos cosas dijo Jesús que la persona que creyera en Él podía hacer? (Jn. 14:12)

(1) ______________________________

(2) ______________________________

39. ¿En el nombre de Jesús, qué pueden hacer los creyentes por los enfermos? (Mr. 16:17-18)

____

____

40. ¿Qué les sucederá a esas personas enfermas? (Mr. 16:18)

____

41. ¿Qué debería hacer un cristiano enfermo? (Stg. 5:14)

____

42. ¿Qué dos cosas deberían hacer los ancianos de la iglesia por un cristiano enfermo? (Stg. 5:14)

(1) ____________________

(2) ____________________

43. ¿Qué dos cosas hará el Señor por ese cristiano? (Stg. 5:15)

(1) ____________________

(2) ____________________

44. ¿Qué clase de oración sanará al enfermo? (Stg. 5:15)

____

45. ¿Por qué dos cosas oraron los discípulos que Dios hiciera en el nombre de Jesús? (Hch. 4:30)

(1) ____________________

(2) ____________________

46. Cuando los discípulos salieron y predicaron, ¿qué dos cosas hizo el Señor por ellos? (Mr. 16:20)

(1) ____________________

(2) ____________________

Trabajo de Memoria: Marcos 16:17-18

Escriba de memoria estos versículos.

____

____

____

____

____

No cambie la página hasta que haya completado todas las respuestas de este Estudio.

ESTUDIO NÚM 4: EL PLAN DE DIOS PARA LA SANIDAD DE NUESTROS CUERPOS (CONTINUACIÓN)

RESPUESTAS CORRECTAS Y PUNTAJE

Pregunta Núm.	Respuestas	Puntaje
27.	Su Palabra (la Palabra de Dios)	1
28.	(1) Vida (2) Sanidad para toda su carne	2
29.	Los vivificará (= dará vida) a nuestros cuerpos mortales	1
30.	La vida de Jesús	1
31.	Fe	1
32.	La fe en el nombre de Jesús lo había sanado	2
33.	El inválido tuvo fe para ser sanado	1
34.	Por el oír de la Palabra de Dios	2
35.	(1) Poder para echar fuera a los espíritus inmundos	2
	(2) Poder para sanar toda clase de dolencias y enfermedades	2
36.	(1) Sanar a los enfermos (2) Limpiar a los leprosos	2
	(3) Resucitar muertos (4) Echar fuera demonios	2
37.	(1) A causa de la incredulidad	1
	(2) Solo podía salir con oración y ayuno	1
38.	(1) Las obras que Él hizo (2) Mayores obras que estas	2
39.	Los creyentes pueden imponer las manos sobre los enfermos en el nombre de Jesús	1
40.	Ellos sanarán	1
41.	Él debe llamar a los ancianos de la iglesia	1
42.	(1) Orar por él	1
	(2) Ungirlo con aceite en el nombre del Señor (= Jesús)	1
43.	(1) Levantarlo	1
	(2) Perdonarlo si ha cometido pecado	1
44.	La oración de fe	1
45.	(1) Extender Su mano para sanar	1
	(2) Para que hicieran grandes señales y prodigios	1
46.	(1) El Señor los ayudó	1
	(2) Él confirmó la palabra con las señales que seguían	2

Consulte su Biblia para el Trabajo de Memoria escrito.
Si está perfecto, dése 4 de puntaje por cada versículo. 8
(1 punto menos por cada error; si hay más de 3 errores, no hay puntaje)

TOTAL 44

50%—22 70%—31 80%—35

NOTAS ACERCA DE LAS RESPUESTAS CORRECTAS

(Los números en el margen izquierdo corresponden a los números de las respuestas correctas de la página anterior)

27-34. Salmos 33:6 describe los medios usados por Dios en la creación: *"Por la Palabra de Jehová y por el Aliento (o Espíritu de su boca)"*. Toda la creación llegó a existir por la Palabra y el *Espíritu* de Dios. Lo mismo es cierto de la obra de sanidad re-creadora de Dios. Esto es hecho por su Palabra y Su *Espíritu* obrando juntos. Los medios por los cuales recibimos esta obra de sanidad es por nuestra *fe*.

28. Proverbios 4:20-22. La traducción alterna para "salud" es "medicina". Estos versículos son la gran "medicina envasada" de Dios. Sin embargo, esta medicina debe tomarse de acuerdo a las instrucciones, que son cuádruples: (1) *"Está atento"*; (2) *"inclina tu oído"* (sea humilde y presto para aprender); (3) *"No se aparten de tus ojos"*; y (4) *"Guardarlas en medio de tu corazón"*. Los cuatro canales para recibir la medicina son la mente, el oído, los ojos, y el corazón.

30. Segunda de Corintios 4: 10-11. La voluntad de Dios es que la resurrección de Cristo debe ser "manifestada" (= revelada abiertamente) en nuestra "carne mortal". Esta es la provisión de Dios para la sanidad, la salud y la vitalidad para nuestros cuerpos en esta vida presente.

34. Romanos 10:17. Primero, la Palabra de Dios produce el "oír". Luego, del "oír" se desarrolla la "fe". El proceso de "oír" está descrito en sus cuatro fases en Proverbios 4:20-21.

35-36. En el Nuevo Testamento nadie fue enviado a predicar sin haber sido comisionado para sanar y liberar de espíritus malignos (Compare Mt. 28:20 y Mt. 10:8). *"Enseñándoles que guarden todas las cosas que os he mandado; y he aquí yo estoy con vosotros todos los días, hasta el fin del mundo"* (= en este presente siglo). Cristo dio la provisión para que exactamente el mismo ministerio que Él instituyó con los primeros 12 discípulos fuera continuado sin cambios por cada generación sucesiva de discípulos hasta el fin del presente siglo.

37. (2) Jesús mismo practicó el ayuno y esperaba que Sus discípulos hicieran esto también (ver Mat. 6:16–18). No obstante, los discípulos no hicieron esto, ya que Jesús ("el esposo") permaneció en la tierra con ellos (ver Marcos 2:18–20).

38. El ministerio de Jesús es el modelo para todo ministerio cristiano. El Espíritu Santo, enviado por Jesús después que Él regresó al Padre, ejecuta estas obras prometidas por Jesús, a través de Sus discípulos creyentes.

39. Las promesas de Marcos 16:17–18 se aplican generalmente a *"los que creen"*—a todos los creyentes.

39-44. Para más enseñanzas sobre esta materia, véase el libro de Derek Prince, *Manual del Cristiano Lleno del Espíritu Santo*, Parte V, *Imponiendo las Manos*.

41. Un cristiano enfermo que no llama a los ancianos de la iglesia es desobediente.

45. Hch. 4:24-30 sigue siendo un modelo de oración para la iglesia cristiana.

ESTUDIO NÚM. 5

LA BIBLIA: LA PALABRA DE DIOS

INTRODUCCIÓN

La Biblia es la misma Palabra de Dios, Su gran regalo a todos los hombres dondequiera, para ayudarles a salir de sus pecados, de sus miserias y de la oscuridad. La Biblia no es un libro común, pues los hombres que la escribieron fueron inspirados y movidos por el Espíritu Santo de Dios para escribir exactamente la verdad tal como Dios se las dio a ellos. Cada palabra es verdadera, llena del mismo poder y autoridad de Dios. Debemos leer nuestra Biblia como si fuera el mismo Dios quien nos está hablando directa y personalmente. Ella nos impartirá luz, entendimiento, alimento espiritual y sanidad física. Ella nos limpiará, nos santificará, nos edificará, y nos hará partícipes de la misma naturaleza de Dios. Ella nos dará poder y sabiduría para vencer al diablo.

Trabajo de Memoria: 2 Ti. 3:16–17 (Repase diariamente Marcos 16:17-18)

Por favor, marque aquí cuando tenga preparada la tarjeta para memorizar: ☐

1. ¿Qué nombre le dio Jesús a las Escrituras? (Jn. 10:35)

   ____

2. ¿Qué dijo Jesús acerca de las Escrituras, que demuestran su autoridad? (Jn. 10:35)

   ____

3. Escriba dos cosas que nos dice David acerca de la Palabra de Dios.

   (1) (Sal. 119:89) ______________________________

   (2) (Sal. 119:160) _____________________________

4. ¿Cómo fueron dadas originalmente las Escrituras?

   (1) (2 Ti. 3:16) _______________________________

   (2) (2 P. 1:20–21) _____________________________

5. ¿Qué clase de semilla debe recibir una persona en su corazón para ser nacido de nuevo y tener vida eterna? (1 P. 1:23)

   ____

6. Escriba cuatro cosas por las cuales las Escrituras son de provecho para un cristiano (2 Ti. 3:16)

   (1) ____________________ (2) ____________________

   (3) ____________________ (4) ____________________

7. ¿Cuál es el resultado final en un cristiano que estudia y obedece la Palabra de Dios? (2 Ti. 3:17)

____

____

8. ¿Cuál es el alimento espiritual que Dios ha provisto para Sus hijos? (1 P. 2:2; Mt. 4:4)

____

9. ¿Cuánto estimaba Job la Palabra de Dios? (Job 23:12)

____

10. Cuando Jeremías se alimentó de la Palabra de Dios, ¿qué llegó a ser ella para él? (Jer. 15:16)

____

11. ¿Cómo puede una persona joven y cristiana vivir una vida limpia? (Sal. 119:9)

____

12. ¿Por qué debe un cristiano guardar (almacenar) en su corazón la Palabra de Dios? (Sal. 119:11)

____

13. ¿Qué dos resultados produce la Palabra de Dios en jóvenes varones, cuando permanece en ellos? (1 Jn. 2:14)

(1) _______________

(2) _______________

14. ¿Cómo le respondió Jesús al diablo cada vez que Él fue tentado? (Mt. 4:4, 7, 10)

____

15. ¿Cuál es la espada que Dios le ha dado a los cristianos como parte de su armadura espiritual? (Ef. 6:17)

____

16. ¿De qué dos maneras muestra la Palabra de Dios a los cristianos cómo andar en este mundo? (Sal. 119:105)

(1) _______________

(2) _______________

17. ¿Qué dos cosas la Palabra de Dios le da a la mente de los cristianos? (Sal. 119:130)

(1) _______________

(2) _______________

18. ¿Qué provee la Palabra de Dios al cuerpo de un cristiano que la estudia cuidadosamente? (Pr. 4:2022)

____

19. Cuando el pueblo de Dios estuvo enfermo y necesitado, ¿qué envió Dios para sanarlos y liberarlos? (Sal. 107:20)

____

20. Escriba cuatro cosas, mencionadas en los versículos siguientes, que hace la Palabra de Dios por Su pueblo:

(1) (Jn. 15:3; Ef. 5:26) _______________

(2) (Jn. 17:17) _______________

(3) (Hch. 20:32) _______________

(4) (Hch. 20:32) _______________

21. ¿Cómo prueba un cristiano su amor por Cristo? (Juan 14:21)

____

22. ¿A quiénes llamó Jesús Su madre y Sus hermanos? (Lucas 8:21)

____

23. ¿Cómo se perfecciona el amor de Dios en un cristiano? (1 Juan 2:5)

____

24. Escriba dos resultados que suceden en nuestras vidas cuando reclamamos las promesas de Dios (2 P. 1:4)

(1) _______________

(2) _______________

Trabajo de Memoria: 2 Timoteo 3:16–17

Escriba de memoria estos versículos.

____

____

____

____

No cambie la página hasta que haya completado todas las respuestas de este Estudio.

ESTUDIO NÚM. 5: LA BIBILIA: LA PALABRA DE DIOS

RESPUESTAS CORRECTAS Y PUNTAJE

Pregunta Núm.	Respuestas	Puntaje
1.	La Palabra de Dios	1
2.	No puede ser quebrantada	1
3.	(1) Permanece para siempre en los cielos	1
	(2) Es verdadera desde el principio	1
4.	(1) Por inspiración de Dios	1
	(2) Santos hombres de Dios hablaron mientras eran movidos por el Espíritu Santo	2
5.	La incorruptible semilla de la Palabra de Dios	2
6.	(1) Doctrinar (2) Redargüir (3) Corregir	3
	(4) Instruir en justicia	1
7.	Él es hecho perfecto (= completo), enteramente preparado (= facultado) para toda buena obra	2
8.	La Palabra de Dios	1
9.	Más que su alimento necesario	1
10.	El gozo y la alegría de su corazón	1
11.	Con guardar Su Palabra	2
12.	Para no pecar contra Dios	1
13.	(1) Ella los hace fuertes	1
	(2) Ellos vencen al maligno (= al diablo)	1
14.	Él respondió con la Palabra escrita de Dios	1
15.	La Palabra de Dios	1
16.	(1) Es lumbrera en sus caminos	1
	(2) Es lámpara a sus pies	1
17.	(1) Luz (2) El entendimiento	
18.	Es sanidad a toda su carne	2
19.	Su Palabra (la Palabra de Dios)	1
20.	(1) Limpia lava, como agua clara	1
	(2) Santifica (3) Edifica	2
	(4) Les concede su herencia	1
21.	Cuando él tiene los mandamientos de Cristo y los guarda	2
22.	Los que oyen la Palabra de Dios y la cumplen	1
23.	Por guardar la Palabra de Dios	1
24.	(1) Somos hechos co-partícipes de la naturaleza divina	1
	(2) Escapamos de la corrupción de este mundo	1

Consulte su Biblia para el Trabajo de Memoria escrito.
Si está perfecto, dése 4 de puntaje por cada versículo. 8
(1 punto menos por cada error; si hay más de 3 errores en cualquier versículo, no hay puntaje para ese versículo)

TOTAL: 49

50%—24 70%—34 80%—39

NOTAS ACERCA DE LAS RESPUESTAS CORRECTAS

(Los números en el margen izquierdo corresponden a los números de las respuestas correctas de la página anterior)

1-2. Está perfectamente claro que Jesús aceptó las escrituras del Antiguo Testamento, sin pregunta ni reserva, como la inspirada y autorizada Palabra de Dios. Él basó todas Sus enseñanzas en estas escrituras, y encauzó todo el curso de Su propia vida a obedecerlas y cumplirlas.

3. La Palabra de Dios tuvo su origen en el cielo. Los hombres fueron los canales por medio de quienes esta Palabra fue dada, pero Dios mismo es la fuente de ella.

4. (1). "Por inspiración de Dios", literalmente "aliento de Dios". Estas palabras "aliento" y "espíritu" significan lo mismo en hebreo y en griego. (Para un estudio completo acerca de la inspiración y autoridad de la Biblia, véase el libro de Derek Prince, *Manuel del Cristiano Lleno del Espíritu Santo,* Parte I, *Fundamento para la fe*).

5. La "semilla incorruptible" de la Palabra de Dios, recibida por fe en el corazón, y provocada a germinar allí por el Espíritu Santo, emana vida incorruptible, divina y eterna.

6-8. Nótese: "***toda** escritura*" (2 Ti. 3:16). "*cada palabra*" (Mt. 4:4). Para un desarrollo espiritual completo, un cristiano debe estudiar y aplicar las enseñanzas de toda la Biblia.

8-10. La Palabra de Dios provee alimento que acompaña a cada etapa del desarrollo espiritual: (1) "*leche*" para recién nacidos (1 P. 2:2); (2) "*pan*" para los que están en crecimiento (Mt. 4:4); y (3) "*alimento sólido*" (dieta completa) para aquellos que están en "*edad adulta*" (espiritualmente maduros) (He. 5:12-14).

11. "*Con guardar tu palabra*", etc.: Por ejemplo: aplicando la enseñanza de la Palabra de Dios a cada fase de su vida.

12. Alguien dijo: "O la Palabra de Dios le guarda del pecado, o el pecado le alejará de la Palabra de Dios".

13-15. En Ef. 6:13-17 Pablo enumera 6 artículos de la armadura espiritual que le proveen al cristiano con una protección completa; sin embargo, de todas ellas solamente una es arma de ataque: "la espada del Espíritu". Cada creyente tiene la responsabilidad de "tomar" esta espada.

16. Compare 1 Juan 1:7, "*Si andamos en luz…*" La "*luz*" en la cual debemos andar es la Palabra de Dios.

17-19. La Palabra de Dios provee para el espíritu, la mente y el cuerpo del cristiano.

20. (4). Solamente por medio de la Palabra de Dios llegamos a conocer lo que es nuestra legítima herencia en Cristo, y cómo obtener esa herencia.

21-23. "*El guardar la Palabra de Dios es el supremo rasgo distintivo con que en el mundo debería señalarlo a usted como discípulo de Cristo.*"

"Su actitud hacia la Palabra de Dios es su actitud hacia Dios mismo. Usted no ama más a Dios de lo que ama Su Palabra. Usted no obedece a Dios más de lo que obedece Su palabra. Usted no honra a Dios más de lo que honra Su Palabra. Usted no tiene más espacio para Dios en su corazón y vida que lo que tiene para Su Palabra" (*Fundamento para la Fe,* pág. 20).

24. Por medio de la Palabra de Dios, cuando se cree y se obedece, la propia naturaleza de Dios impregna el corazón y la vida del cristiano, reemplazando la antigua naturaleza adámica corrupta.

ESTUDIO NÚM. 6:

EL ESPÍRITU SANTO

INTRODUCCIÓN

En todo Su ministerio terrenal, Jesús dependía completamente del Espíritu Santo. Antes que el Espíritu Santo descendiera sobre Él en el río Jordán, Él jamás predicó un sermón y obró un milagro. Después de eso, todo lo que Él realizó fue por el poder del Espíritu Santo. Cuando Él estaba por dejar a Sus discípulos, les prometió que desde el cielo Él les iba a enviar al Espíritu Santo para que fuera su Consolador y para que les supliera todas sus necesidades espirituales. Esta promesa fue cumplida el Día de Pentecostés cuando ellos fueron bautizados con el Espíritu Santo.

NOTA: Las dos expresiones "Espíritu Santo" y "Santo Espíritu" son dos formas diferentes de traducir una expresión en el griego original del Nuevo Testamento. Por consiguiente, no hay diferencia de significado entre estas dos expresiones.

Trabajo de Memoria: Hechos 2:38–39 (Repase diariamente 2 Tim. 3: 16-17)

Por favor, marque aquí cuando tenga preparada la tarjeta para memorizar: ☐

1. ¿Con qué ungió Dios el Padre a Jesús para Su ministerio terrenal? (Hechos 10:38)

   ____

2. ¿Qué vio Juan el Bautista que descendía y se posaba sobre Jesús? (Juan 1:32-33)

   ____

3. ¿Qué dijo Jesús que estaba sobre Él, capacitándolo para predicar y para ministrar a los necesitados? (Lucas 4:18)

   ____

4. ¿Por cuál poder dijo Jesús que Él echaba fuera a los demonios? (Mt. 12:28)

   ____

5. ¿A quién dijo Jesús que enviaría del Padre a Sus discípulos una vez que Él regresara al cielo? (Juan 14:16, 26; 15:26)

   ____

6. ¿Qué dos expresiones usó Jesús para describir al Consolador?

   (1) (Juan 14:17) ______________________________

   (2) (Juan 14:26) ______________________________

7. Escriba 2 cosas que dice Jesús que el Espíritu Santo hará por los discípulos (Juan 14:26).

(1) ______________________________

(2) ______________________________

8. Escriba otra manera en que Jesús dice que el Espíritu Santo ayudará a los discípulos (Juan 16:13).

____

9. Escriba 2 maneras en que el Espíritu Santo revelará a Jesús a Sus discípulos.

(1) (Juan 15:26) ______________________________

(2) (Juan 16:14) ______________________________

10. ¿Después de qué dijo Jesús que los discípulos recibirían poder para convertirse en testigos eficaces de Él? (Hechos 1:8)

____

11. ¿Qué dijo al pueblo Juan el Bautista que Jesús haría por ellos? (Marcos 1:8)

____

12. ¿Qué promesa le hizo Jesús a Sus discípulos justo antes de ascender al cielo? (Hechos 1:5)

____

13. ¿Qué le dijo Jesús a Sus discípulos que hicieran hasta que la promesa fuera cumplida? (Lucas 24:49)

____

____

14. ¿Al llegar qué día se cumplió esta promesa a los discípulos? (Hechos 2:14)

____

15. ¿Por qué el Espíritu Santo no podía ser dado a los discípulos durante el ministerio terrenal de Jesús? (Juan 7:39)

____

16. Después que Jesús regresó a Su posición de gloria a la diestra de Dios, ¿qué recibió Él del Padre? (Hechos 2:33)

____

17. ¿Cómo podían los incrédulos presentes saber que Jesús había derramado el Espíritu Santo sobre Sus discípulos? (Hechos 2:33)

____

18. ¿Qué podían estos incrédulos oír que los discípulos hacían por medio del poder del Espíritu Santo? (Hechos 2:78)

____

19. ¿Sobre quién promete Dios derramar Su Espíritu al final de este siglo? (Hechos 2:17)

____

20. ¿Para quiénes dice Pedro que el don prometido del Espíritu Santo está disponible? (Hechos 2:39)

____

____

21. ¿Qué buen don dará Dios el Padre a todos Sus hijos que se lo pidan? (Lucas 11: 13)

____

Trabajo de Memoria: Hechos 2:38–39

Escriba de memoria estos versículos.

____

____

____

____

____

No cambie la página hasta que haya completado todas las respuestas de este Estudio.

ESTUDIO NÚM. 6: EL ESPÍRITU SANTO

RESPUESTAS CORRECTAS Y PUNTAJE

Pregunta Núm.	Respuestas	Puntaje
1.	Con el Espíritu Santo y poder	1
2.	El Espíritu (Santo)	1
3.	El Espíritu del Señor	1
4.	Por el del Espíritu de Dios	1
5.	Al Consolador	1
6.	(1) El Espíritu de verdad	1
	(2) El Espíritu Santo	1
7.	(1) Enseñarles todas las cosas	1
	(2) Traer todas las cosas a sus memorias de todo lo que Yo les haya dicho a ustedes	2
8.	Él les guiará a toda verdad	1
9.	(1) Él dará testimonio de Mí (Jesús)	1
	(2) Él Me glorificará (Jesús)	1
10.	Después que el Espíritu Santo viniera sobre ellos	1
11.	Él los bautizará con el Espíritu Santo	1
12.	Vosotros seréis bautizados con el Espíritu Santo dentro de no muchos días	2
13.	Quedaos en Jerusalén hasta que seáis investidos de poder de lo alto	2
14.	El Día de Pentecostés	1
15.	Porque Jesús no había sido glorificado todavía	1
16.	La promesa del Espíritu Santo	1
17.	Ellos podían verlo y oírlo	1
18.	Hablaban en las lenguas (idiomas) de los países en los cuales los incrédulos habían nacido	2
19.	Sobre toda carne	1
20.	A vosotros, y para vuestros hijos y para todos los que están lejos, y para cuantos el Señor nuestro Dios llamare	3
21.	El Espíritu Santo	1
Consulte su Biblia para hallar el versículo para memorizar. Si las palabras son perfectas, dése 4 de puntaje por cada versículo. (1 punto menos por cada error; si hay más de 3 errores en cualquier versículo, no hay puntaje para ese versículo)		8
		TOTAL 38

50%—19   70%—27   80%—30

NOTAS ACERCA DE LAS RESPUESTAS CORRECTAS

(Los números en el margen izquierdo corresponden a los números de las respuestas correctas de la página anterior)

1-5. La palabra "Cristo" es tomada de la palabra griega que significa "Ungido". Así que corresponde exactamente al título hebreo "Mesías", que también significa "Ungido". En la experiencia histórica, Jesús vino a ser el "Mesías", el "Ungido", cuando el Espíritu Santo descendió y se posó sobre Él, después de ser bautizado por Juan el Bautista. El título "Cristo" o "Mesías" indica que todo el ministerio terrenal de Jesús se hizo posible por la "unción" del Espíritu Santo. Es el propósito de Dios que la misma "unción" del Espíritu Santo sea la porción que permanezca en todos los cristianos. *"Y el que nos confirma con vosotros en Cristo, y el que nos ungió, es Dios"* (2 Co. 1:21). *"Pero la unción que vosotros recibisteis de Él permanece en vosotros"* (1 Jn. 2:27). Los "cristianos" son literalmente los "ungidos". Para vivir una vida cristiana eficaz, el discípulo depende tanto del Espíritu Santo como lo hizo Jesús mismo.

5-6. "Consolador" = "Abogado", "Uno llamado al lado de". La misma palabra es usada acerca de Jesús en 1 Jn. 2:1. En el cielo Cristo defiende la causa del creyente. El Espíritu Santo, por medio del creyente, defiende la causa de Cristo en la tierra (ver Mt. 10:19-20).

6-9. En Jn. 16:7, Jesús dijo: *"Os conviene que yo me vaya; porque si no me fuere, el Consolador no vendría a vosotros; más si me fuere, os lo enviaré"*. Cuando Jesús regresó al cielo y envió al Espíritu Santo sobre los discípulos, inmediatamente ellos recibieron un mejor conocimiento y entendimiento acerca de Jesús mismo que el que habían tenido cuando Él estaba presente con ellos en la tierra. Así el Espíritu Santo cumplió Su ministerio para revelar, interpretar y glorificar la persona, la obra y el mensaje de Cristo.

11. La presentación que hace Juan el Bautista de Jesús como *"el que bautiza con el Espíritu Santo"* es colocada en la vanguardia de los cuatro evangelios. El Nuevo Testamento pone el más grande énfasis posible en este aspecto del ministerio de Cristo. La iglesia cristiana debería hacer lo mismo.

12-13. Los evangelios terminan como comienzan, con la promesa del bautismo con el Espíritu Santo.

15-16. Con Su muerte en la cruz, Jesús compró para cada creyente el don del Espíritu Santo (ver Ga. 3:13-14). Después de Su resurrección y ascensión, era Su privilegio particular el recibir este don del Padre y concedérselo a Sus discípulos.

17-18. Por todo el Nuevo Testamento, el bautismo con el Espíritu Santo confirma la evidencia sobrenatural de hablar en otras lenguas.

18-21. Al terminar este siglo Dios tiene una promesa final: el derramamiento del Espíritu Santo sobre todo el mundo. Todo cristiano tiene el derecho bíblico de pedir a Dios por este don.

ESTUDIO NÚM. 7

RESULTADOS DEL BAUTISMO EN EL ESPÍRITU SANTO

INTRODUCCIÓN

El bautismo en el Espíritu Santo es una investidura sobrenatural con poder del cielo para equipar a los cristianos para el testimonio y el servicio efectivos. Esto es confirmado por el hablar en una lengua dada por el Espíritu Santo, pero desconocida para el que habla, Esto capacita al cristiano para edificar su propia vida espiritual por medio de la directa y continua comunión con Dios, y es la puerta hacia una vida en la cual tanto los dones como el fruto del Espíritu Santo deben manifestarse. En la iglesia del Nuevo Testamento, esta experiencia era considerada normal para todos los creyentes.

Trabajo de Memoria: Hechos 2:17-18 (Repase diariamente Hechos 2: 38-39)

Por favor, marque aquí cuando tenga preparada la tarjeta para memorizar: ☐

1. ¿Qué le pasó a los discípulos el Día de Pentecostés cuando fueron llenos del Espíritu Santo? (Hechos 2:4)

   ____

   ____

2. ¿Por medio de la predicación de quién el pueblo de Samaria llegó a creer en Jesús como el Mesías? (Hechos 8:12)

   ____

3. Cuando Pedro y Juan llegaron a Samaria ¿cómo oraron por los cristianos de allí? (Hechos 8:15)

   ____

4. ¿Cómo recibieron el Espíritu Santo los cristianos de Samaria? (Hechos 8:17)

   ____

5. ¿Cómo recibió Saulo de Tarso (Pablo) el Espíritu Santo? (Hechos 9:17)

   ____

6. Mientras Pedro predicaba a las personas que estaban en la casa de Cornelio, ¿qué les pasó a todos los que lo oyeron? (Hechos 10:44)

   ____

7. ¿Cómo se dieron cuenta Pedro y sus compañeros que todas las personas en la casa de Cornelio habían recibido el Espíritu Santo? (Hechos 10:4546)

   ____

8. ¿Qué pregunta hizo Pablo a los discípulos de Éfeso? (Hechos 19:2)

____

9. ¿Cómo recibieron al Espíritu Santo estos discípulos de Éfeso? (Hechos 19:6)

____

10. ¿Qué sucedió cuando el Espíritu Santo vino sobre estos discípulos? (Hechos 19:6)

____

11. ¿Cuánto dijo Pablo que él hablaba en lenguas? (1 Co. 14:18)

____

12. Escriba tres cosas que un cristiano hace cuando habla en una lengua desconocida (1 Co. 14:2, 4).

(1) ______________________________

(2) ______________________________

(3) ______________________________

13. Si un cristiano ora en lengua desconocida, ¿qué parte de él está orando? (1 Co. 14:14)

____

14. ¿Cómo dijo Jesús que los verdaderos adoradores debían adorar a Dios? (Juan 4:2324)

____

15. ¿Cómo exhorta Judas a los cristianos para que se edifiquen ellos mismos en su fe? (Judas 20)

____

16. Cuando un cristiano habla en una lengua desconocida, ¿por qué puede él pedir después? (1 Co. 14:13)

____

17. En una reunión pública donde no hay intérpretes, ¿cómo puede un cristiano hablar en una lengua desconocida? (1 Co. 14:28)

____

18. ¿Dijo Pablo que él deseaba que todos los cristianos hablaran en lenguas? (1 Co. 14:5)

____

19. ¿Cuántos cristianos dijo Pablo que podían profetizar? (1 Co. 14:31)

____

20. ¿Deberían los cristianos estar ignorantes en cuanto a los dones espirituales? (1 Co. 12:1)

____

21. Haga una lista de los nueve dones del Espíritu (1 Co. 12:8-10).

(1) ______________________ (2) ______________________

(3) ______________________ (4) ______________________

(5) ______________________ (6) ______________________

(7) ______________________ (8) ______________________

(9) ______________________

22. Haga una lista de los nueve frutos del Espíritu (Ga. 5:22-23).

(1) ______________________ (2) ______________________

(3) ______________________ (4) ______________________

(5) ______________________ (6) ______________________

(7) ______________________ (8) ______________________

(9) ______________________

23. ¿Debería un cristiano tener dones espirituales sin fruto espiritual? (1 Co. 13:12)

____

24. ¿Debería un cristiano tener fruto espiritual sin dones espirituales? (1 Co. 12:31; 14:1)

____

25. Escriba 3 acontecimientos sobrenaturales que resultarán del derramamiento del Espíritu Santo al final de este siglo (Hechos 2:17).

(1) ____

(2) ____

(3) ____

26. Escriba 5 diferentes contribuciones espirituales que un cristiano puede hacer en una reunión con otros compañeros cristianos (1 Co. 14:26).

(1) ______________________ (2) ______________________

(3) ______________________ (4) ______________________

(5) ______________________

Trabajo de Memoria: Hechos 2:17–18

Escriba de memoria estos versículos.

____

____

____

____

No cambie la página hasta que haya completado todas las respuestas de este Estudio.

ESTUDIO NÚM. 7: RESULTADOS DEL BAUTISMO EN EL ESPÍRITU SANTO

RESPUESTAS CORRECTAS Y PUNTAJE

Pregunta Núm.	Respuestas	Puntaje
1.	Ellos hablaron en otras lenguas como el Espíritu les dio que hablasen	2
2.	La predicación de Felipe	1
3.	Que ellos podían recibir el Espíritu Santo	1
4.	Ellos (por ejemplo, Pedro y Juan) impusieron manos sobre ellos	1
5.	Ananías impuso manos sobre él	1
6.	El Espíritu Santo vino sobre todos ellos	1
7.	Los oyeron hablar en lenguas y magnificar a Dios	1
8.	"¿Recibieron el Espíritu Santo cuando creyeron?"	1
9.	Pablo impuso manos sobre ellos	1
10.	Ellos hablaron en lenguas y profetizaron	1
11.	Más que todos vosotros (es decir, más que todos los cristianos de Corinto)	1
12.	(1) Habla a Dios (no a los hombres) (2) Habla misterios (3) Se edifica a sí mismo	3
13.	Su espíritu	1
14.	En espíritu y en verdad	1
15.	Orando siempre en el Espíritu Santo	1
16.	Que pueda interpretar	1
17.	Puede hablarse a sí mismo y a Dios	1
18.	Sí	1
19.	Todos	1
20.	No	1
21.	(1) Palabra de sabiduría (2) Palabra de ciencia (3) Fe	3
	(4) Dones de sanidad (5) Obrar milagros (6) Profecía	3
	(7) Discernimiento de espíritu (8) Diversos géneros de lenguas	2
	(9) Interpretación de lenguas	1
22.	(1) Amor (2) Gozo (3) Paz (4) Paciencia (5) Benignidad	5
	(6) Bondad (7) Fe (8) Mansedumbre (9) Templanza	4
23.	No	1
24.	No	1
25.	(1) Vuestros hijos y vuestras hijas profetizarán	1
	(2) Vuestros jóvenes verán visiones	1
	(3) Vuestros ancianos soñarán sueños	1
26.	(1) Un salmo (2) Una doctrina (3) Una lengua	3
	(4) Una revelación (5) Una interpretación	2

Consulte su Biblia para el Trabajo de Memoria escrito.
Si está perfecto, dése 4 de puntaje por cada versículo. 8
(1 punto menos por cada error; si hay más de 3 errores en cualquier versículo, no hay puntaje para ese versículo)

Total 59

50%—29 70%—41 80%—47

NOTAS ACERCA DE LAS RESPUESTAS CORRECTAS

(Los números en el margen izquierdo corresponden a los números de las respuestas correctas de la página anterior)

1. *"Porque de la abundancia del corazón habla la boca"* (Mt. 12:34). La primera enunciación del Espíritu Santo sale de la boca del creyente.

2-4. Por medio del ministerio de Felipe, multitudes en Samaria habían sido maravillosamente salvas y sanadas. Pero esto no era suficiente para los apóstoles. Ellos esperaban que cada nuevo convertido recibiera el bautismo con el Espíritu Santo. Este vino a estos convertidos de Samaria por medio del ministerio de Pedro y Juan como una experiencia separada, subsecuente a la salvación.

5. El imponer las manos para impartir el Espíritu Santo no era algo que solamente los apóstoles podían hacer. A Ananías se le llamó simplemente un "discípulo" (ver Hechos 9:10). Tampoco es siempre necesario imponer las manos para impartir el Espíritu Santo. En Hechos 2:2-4 y 10:44-46 los creyentes lo recibieron sin la imposición de manos.

8-10. Tanto en Éfeso como en Samaria, estos discípulos recibieron el bautismo en el Espíritu Santo como una experiencia separada, subsecuente a la salvación. Como en Hechos 2:4 y 10:46, sus experiencias culminaron hablando en otras lenguas (y en este caso, también profetizando).

11-15. Después de recibir el bautismo con el Espíritu Santo, el uso primordial de hablar en otra lengua es para la adoración y la oración personal. El creyente no entiende con su mente lo que está diciendo, pero el Espíritu se mantiene en comunicación directa con Dios y de esta manera él puede edificarse a sí mismo.

16-17. Por medio del don de interpretación, los cristianos pueden conocer el significado de una expresión dada en una lengua desconocida. En una reunión pública una expresión dada en alta voz en lengua desconocida normalmente debe ir seguida de interpretación. Si no hay uno que interprete, el creyente debe hablar en una lengua desconocida "para sí mismo y para Dios".

19. "Profetizar" es hablar por inspiración sobrenatural del Espíritu Santo, en una lengua entendible por el que habla y por aquellos a quienes se les habla.

21-24. Hay una importante distinción lógica entre "dones" y "fruto". Un "don" es impartido y recibido por un acto momentáneo. El "fruto" es cultivado por el tiempo y el trabajo (ver 2 Ti. 2:6). Considere la diferencia entre un árbol de Navidad con sus regalos, y un árbol de manzano con sus frutos. Espiritualmente hablando, los dones no son un substituto del fruto y el fruto no sustituye a los dones. La provisión de Dios es que todos los cristianos tengan ambos. (Nótese que al "amor" nunca se le llama "don")

25-26. El total derramamiento del Espíritu Santo siempre produce una variedad de manifestaciones sobrenaturales. A través de estas, los cristianos pueden ministrarse los unos a los otros en un nivel más alto que el de la habilidad natural o educación.

ESTUDIO NÚM. 8

LA ADORACIÓN Y LA ORACIÓN

INTRODUCCIÓN

La oración es el gran medio por el cual los cristianos vienen a la presencia de Dios para adorarle y recibir de Él la guía, la ayuda y la fuerza que necesitan todo el tiempo. Todo cristiano debe establecer un tiempo cada día para pasar en oración personal y lectura de la Biblia. La persona más poderosa e influyente en el mundo es el cristiano que sabe cómo orar y conseguir que sus oraciones sean contestadas. Para poder orar de esta manera debemos seguir cuidadosamente las instrucciones de la Palabra de Dios, las cuales son dadas en este estudio, y debemos tener la ayuda del Espíritu Santo.

Trabajo de Memoria: Juan 15:7 (Repase dariamente los versículos de Hechos 2:17-18)

Por favor, marque aquí cuando tenga preparada la tarjeta para memorizar: ☐

1. ¿Qué clase de personas busca Dios? (Juan 4:23–24)

   ____

2. ¿En la oración de quién se deleita Dios? (Pr. 15:8)

   ____

3. ¿Qué clase de oración produce grandes resultados? (Santiago 5:16)

   ____

4. Si deseamos que Dios escuche nuestras oraciones, ¿qué dos cosas debemos hacer? (Juan 9:31)

   (1)______________ (2)______________

5. ¿De qué manera entramos valientemente en la santa presencia de Dios? (He. 10:19)

   ____

6. ¿Con qué dos cosas debemos entrar en la presencia de Dios? (Sal. 100:4)

   (1) ______________________________

   (2) ______________________________

7. ¿Qué debería hacer un cristiano en vez de preocuparse? (Fil. 4:6)

   ____

8. ¿En nombre de quién debemos orar y con qué motivo? (Juan 14:13)

   ____

9. ¿Basados en qué 2 condiciones podemos pedir a Dios todo lo que queramos? (Juan 15:7)

(1) ______________________________

(2) ______________________________

10. Escriba cuatro cosas que se encuentran en los siguientes versículos, que impedirán las respuestas a nuestras oraciones:

(1) (Sal. 66:18) ______________________________

(2) (Santiago 1:6-7) ______________________________

(3) (Santiago 4:3) ______________________________

(4) (1 P. 3:7) ______________________________

11. Para vencer las fuerzas satánicas, ¿qué debemos unir a veces con la oración? (Marcos 9:29)

____

12. Para poder recibir las cosas que deseamos, ¿qué debemos hacer cuando oramos? (Marcos 11:24)

____

13. Si tenemos algo contra otra persona cuando oramos, ¿qué debemos hacer primero? (Marcos 11:25)

____

14. Si perdonamos a los otros cuando oramos, ¿cómo tratará Dios con nosotros? (Marcos 11:25)

____

15. Si no perdonamos a los otros, ¿cómo tratará Dios con nosotros? (Mr. 11:26)

____

16. Si oramos de acuerdo a la voluntad de Dios ¿en qué dos cosas podemos confiar? (1 Juan 5:14–15)

(1) ______________________________

(2) ______________________________

17. ¿Cómo dijo David que empezaría cada día? (Sal. 5:3)

____

18. ¿Cuáles fueron las tres ocasiones en que David decidió orar cada día? (Sal. 55:17)

(1)__________ (2)__________ (3) __________

19. Aparte del tiempo regular de oración, ¿con cuánta frecuencia debemos orar? (Ef. 6:18; 1 Ts. 5:17)

____

20. Cuándo no tenemos fuerzas o el conocimiento para orar correctamente, ¿quién nos ayuda a orar conforme la voluntad de Dios? (Ro. 8:26–27)

____

21. Si oramos a solas, ¿qué nos dice Jesús que hagamos? (Mt. 6:6)

____

22. ¿Cómo dice Jesús que esta clase de oración será recompensada? (Mt. 6:6)

____

23. Si nos reunimos con otros cristianos para orar en el nombre de Jesús, ¿qué promesa nos ha dado Jesús? (Mt. 18:20)

____

24. ¿Cuál debe ser nuestra actitud hacia otros cristianos con quienes oramos? (Mt. 18:19)

____

25. ¿Especialmente por quién debemos orar? (1 Ti. 2:1–2)

____

26. ¿Qué posición del cuerpo recomienda aquí Pablo para orar? (1 Ti. 2:8)

____

27 ¿Contra qué dos actitudes mentales equivocadas debemos guardarnos cuando oramos? (1 Ti. 2:8)

(1) ____

(2) ____

28. ¿Cuál es el resultado de que nuestras oraciones sean contestadas? (Juan 16:24)

____

Trabajo de Memoria: Juan 15:7

Escriba de memoria este versículo.

____

____

____

No cambie la página hasta que haya completado todas las respuestas de este Estudio.

ESTUDIO NÚM. 8: LA ADORACIÓN Y LA ORACIÓN

RESPUESTAS CORRECTAS Y PUNTAJE

Pregunta Núm.	Respuestas	Puntaje
1.	Verdaderos adoradores, que adoran a Dios en espíritu y en verdad	2
2.	La oración del justo	1
3.	La ferviente oración eficaz del justo	2
4.	(1) Adorar a Dios (2) Hacer la voluntad de Dios	2
5.	Por medio de la sangre de Jesús	1
6.	(1) Acción de gracias (2) Adoración	2
7.	En todo con oración y súplica, con agradecimiento hagan del conocimiento de su solicitud a Dios	3
8.	En el nombre de Jesús para que Dios sea glorificado	2
9.	(1) Si permanecemos en Cristo	1
	(2) Si Sus palabras permanecen en nosotros	1
10.	(1) Si nosotros "miramos la iniquidad" (tolerar el pecado conocido) en nuestro corazón	1
	(2) Si fluctuamos y no pedimos con fe	1
	(3) Si pedimos inapropiadamente para gratificar nuestra propia concupiscencia	1
	(4) Una relación impropia entre un esposo y su esposa	
11.	Ayuno	1
12.	Creer que lo recibiremos (al momento de la oración)	1
13.	Debemos perdonarlos	1
14.	Dios nos perdonará	1
15.	Dios no nos perdonará	1
16.	(1) Que Dios nos oye	1
	(2) Que tenemos las peticiones que deseamos	1
17.	Dirigiendo su oración a Dios y mirando hacia arriba	2
18.	(1) Por la noche (2) Por la mañana (3) Al mediodía	3
19.	Siempre sin cesar	1
20.	El Espíritu Santo	1
21.	Entrar en nuestro aposento y cerrar la puerta	1
22.	Nuestro Padre celestial recompensará en público	1
23.	Que Jesús mismo estará en medio nuestro	1
24.	Poniéndonos de acuerdo con ellos en relación a cualquier cosa que pidamos	2
25.	Para reyes y todos en posiciones de autoridad	1
26.	Que levantemos manos santas	1
27.	(1) Ira (2) Duda	2
28.	Nuestro gozo será cumplido	1

Consulte su Biblia para el Trabajo de Memoria escrito.
Si está perfecto, dése 4 de puntaje. 4
(1 punto menos por cada error; si hay más de 3 errores, no hay puntaje)

TOTAL 49

50%—24 70%—34 80%—39

NOTAS ACERCA DE LAS RESPUESTAS CORRECTAS

(Los números en el margen izquierdo corresponden a los números de las respuestas correctas de la página anterior)

Toda la Biblia, especialmente el Nuevo Testamento, enfatiza la disposición de Dios para contestar las oraciones (ver Mt. 7:7-8). Efectivamente, Dios está más dispuesto a contestar oraciones que los hombres para orar. No obstante, para recibir las respuestas a nuestras oraciones, debemos cumplir con las condiciones establecidas en la Palabra de Dios. La mayoría de las respuestas de este estudio tratan con estas condiciones, las cuales se resumen como sigue:

5, 8, 23. Acceso solamente a través de Cristo. Como pecadores, nosotros podemos reconciliarnos con Dios por medio del sacrificio propiciatorio y el ministerio de mediación de Cristo. En reconocimiento a esto, nosotros venimos a Dios por medio del nombre y la sangre de Jesús.

1, 4 (1), 6, 7. Enfoque correcto: adoración, acción de gracias, alabanza.

1, 2, 3, 4 (2), 9 (1). Carácter correcto: verdad, rectitud, virtud, obediencia (todo es posible solamente mientras "permanecemos en Cristo").

8, 10 (3). Motivo correcto: para la gloria de Dios, no para glorificar nuestros propios deseos.

10 (4), 13, 14, 15, 24, 27 (1). Las relaciones correctas: con otras personas, especialmente las más cercanos a nosotros.

9 (2), 16, 25. Orando conforme a la voluntad de Dios, como está revelado en Su Palabra.

10 (2), 12, 16 (2), 27 (2). Tomando por fe las respuestas a nuestra oración en el mismo momento en que oramos. *"He aquí el tiempo aceptable"* (2 Co. 6:2).

17, 18, 19. Regularidad y persistencia (Compare Lucas 18:1).

3, 11, 21, 26. Fervor, abnegación, compromiso.

20. En todo esto, no podemos confiar meramente en nuestra propia voluntad, entendimiento y fortaleza, sino que debemos tener la ayuda sobrenatural del Espíritu Santo.

22, 28. Las recompensas por orar correctamente.

ESTUDIO NÚM. 9

EL BAUTISMO EN AGUA: ¿CÓMO? ¿CUÁNDO? ¿POR QUÉ?

INTRODUCCIÓN

Jesús mismo dijo: *"El que creyere y fuere bautizado será salvo"* (Marcos 16:16). El camino de Dios hacia la salvación sigue siendo el mismo: primero creer, luego ser bautizado. El creer en Cristo produce un cambio interior en nuestros corazones; el ser bautizado en agua es un acto externo de obediencia, por el cual testificamos del cambio que ha tomado lugar en nuestros corazones. Mediante este acto, venimos a ser uno con Cristo en Su sepultura y en Su resurrección; somos separados de la antigua vida de pecado y derrota; salimos del agua para llevar una nueva vida de justicia y victoria, lo cual se hace posible por medio del poder de Dios en nosotros. Los pasajes en este estudio explican muy cuidadosamente cómo, cuándo y por qué debemos ser bautizados.

Trabajo de Memoria: Romanos 6:4 (Repase diariamente Juan 15:7)

Por favor, marque aquí cuando tenga preparada la tarjeta para memorizar: ☐

1. ¿Qué razones dio Jesús para ser bautizado? (Mt. 3:15)

____

____

2. ¿Cómo mostró el Espíritu Santo que Él se complacía con el bautismo de Jesús? (Mt. 3:16)

____

____

3. ¿Qué dijo Dios el Padre sobre Jesús cuando Él fue bautizado? (Mt. 3:17)

____

____

4. ¿Bajó Jesús a las aguas para ser bautizado? (Mt. 3:16)

____

5. Si una persona desea ser salva, ¿qué dijo Jesús que ella debe hacer después de creer el Evangelio? (Mr. 16:16)

____

6. ¿Qué le dijo Jesús a Sus discípulos que hicieran a las personas antes de bautizarlos? (Mt. 28:19)

____

7. ¿A quién envió Jesús a Sus discípulos con este mensaje? (Mt. 28:19)

8. ¿Qué espera Jesús que hagan las personas después de ser bautizadas? (Mt. 28:20)

9. ¿Qué dijo Pedro a las personas que hicieran antes de ser bautizadas? (Hechos 2:38)

10. ¿Cuántas personas dijo Pedro que debían ser bautizadas? (Hechos 2:38)

11. ¿Cómo actuaron las personas que gustosamente recibieron la Palabra de Dios? (Hechos 2:41)

12. ¿Qué hicieron las personas de Samaria después que recibieron la predicación de Felipe? (Hechos 8: 12)

13. ¿Qué le dijo Felipe al eunuco que debía hacer antes de que pudiera ser bautizado? (Hechos 8:37)

14. ¿Qué respondió el eunuco? (Hechos 8:37)

15. ¿Bajó a las aguas el eunuco para ser bautizado? (Hechos 8:38)

16. ¿Cómo se sintió el eunuco después de ser bautizado? (Hechos 8:39)

17. Después que Cornelio y sus amigos habían sido salvos y recibido el Espíritu Santo, ¿qué fue lo siguiente que Pedro les ordenó hacer? (Hechos 10:44-48)

18. ¿Qué hicieron el carcelero de Filipos y su familia después de creer en el mensaje de Pablo? (Hechos 16:29-33)

19. ¿Qué hicieron los discípulos de Éfeso después de recibir el mensaje de Pablo? (Hechos 19:4-5)

____

20. ¿Por medio de qué dos experiencias los creyentes siguen a Jesús cuando son bautizados? (Ro. 6:4; Col. 2:12)

(1)____________________ (2)____________________

21. ¿Cómo dice Pablo que los creyentes deben vivir después de ser bautizados? (Ro. 6:4)

____

22. ¿Hay alguna diferencia entre los creyentes de diferentes razas después de ser bautizados? (Ga. 3:26-28)

____

23. Mencione dos imágenes de bautismo en agua que se encuentran en el Antiguo Testamento y que son mencionadas en el Nuevo Testamento:

(1) (1 Co. 10:1-2; Ex. 14:21-22) ________________________________

(2) (1 P. 3:20-21; Gn. 6-7) ________________________________

Trabajo de Memoria: Romanos 6:4

Escriba de memoria este versículo.

____

____

____

____

____

No cambie la página hasta que haya completado todas las respuestas de este Estudio.

ESTUDIO NÚM. 9: EL BAUTISMO EN AGUA: ¿CÓMO? ¿CUÁNDO? ¿POR QUÉ?

RESPUESTAS CORRECTAS Y PUNTAJE

Pregunta Núm.	Respuestas	Puntaje
1.	"Así conviene que cumplamos toda justicia"	2
2.	Él descendió como paloma y se posó sobre Él	2
3.	"Este es mi Hijo amado en quien tengo complacencia"	3
4.	Sí	
5.	Debe ser bautizado	1
6.	Enseñarles	1
7.	A todas las naciones	1
8.	Observar todas las cosas que Él ha ordenado	2
9.	Arrepentirse	1
10.	Todos	1
11.	Fueron bautizados	1
12.	Fueron bautizados	1
13.	Creer de todo corazón	1
14.	"Creo que Jesús es el Hijo de Dios"	1
15.	Sí	1
16.	Siguió su camino con gozo	1
17.	Ser bautizado	1
18.	Todos fueron bautizados	1
19.	Fueron bautizados	1
20.	(1) Su sepultura (2) Su resurrección	2
21.	Deben andar en nueva vida	2
22.	Ninguno	1
23.	(1) Los israelitas cruzando el Mar Rojo	2
	(2) Noé y su familia pasando el diluvio dentro del arca	2

Consulte su Biblia para el Trabajo de Memoria escrito.
Si está perfecto, dése 4 de puntaje. 4
(1 punto menos por cada error; si hay más de 3 errores, no hay puntaje)

TOTAL 36

50%—18 70%—25 0%—29

NOTAS ACERCA DE LAS RESPUESTAS CORRECTAS

(Los números en el margen izquierdo corresponden a los números de las respuestas correctas de la página anterior)

1-4. Aunque Jesús fue bautizado por Juan el Bautista, Él no era de la misma clase de todas las otras personas que Juan bautizó. El bautismo de Juan era un *"bautismo para arrepentimiento"*, acompañado de una confesión de pecados (ver Marcos 1:4-5). No obstante, Jesús no tenía pecados que confesar o de qué arrepentirse. Más bien, al ser bautizado de esta manera, Jesús estableció un modelo para todo aquel que le seguiría después en obediencia a la voluntad de Dios. Esto indica la razón que dio Jesús: *"Así conviene que cumplamos toda justicia"* (Mateo 3:15).

"Así" establece la manera del bautismo: bajar y salir del agua. *"Conviene"* establece un precedente que conviene que todo cristiano sincero deba seguir. *"Cumplir toda justicia"* establece la razón: completar toda justicia. Primero, el cristiano hace justicia por medio de su fe en Cristo. Luego, al ser bautizado, Él completa esta justicia interior de fe por medio del acto externo de la obediencia. Entendida así, esta ordenanza del bautismo cristiano tiene la aprobación expresa de las tres Personas de la Deidad: Padre, Hijo y Espíritu. (Para un estudio completo de esta materia, véase el capítulo 18 del libro de Derek Prince, *El Manuel del Cristiano Lleno del Espíritu*, Parte III, Bautismos del Nuevo Testamento)

5, 6, 9, 13. Antes de ser bautizada, una persona debe llenar las siguientes 3 condiciones: (1) ser instruido en la naturaleza y la razón del acto; (2) arrepentirse de sus pecados; (3) creer en Jesucristo como el Hijo de Dios.

7, 10, 11, 12, 17, 18, 19. Jesús les dijo a Sus discípulos que esta ordenanza del bautismo era para *"todas las naciones"*. No había excepciones. En cumplimiento de esto, el Nuevo Testamento registra que todos los nuevos convertidos eran bautizados sin dilación. En la mayoría de los casos esto tomó lugar en el mismo día de conversión. Nunca hubo una larga dilación entre la conversión y el bautismo. No hay razón por qué este modelo no debe seguirse ahora, tal como lo fue en la Iglesia Primitiva.

8, 20, 21. Por medio del bautismo, los cristianos se identifican públicamente con Cristo en Su sepultura y resurrección. Después del bautismo se requiere que ellos lleven una nueva vida de justicia, que se hace posible por la gracia y el poder del Espíritu Santo.

23 (1). Primera de Co. 10:12 presenta un doble bautismo para el pueblo de Dios, *"en la nube y en el mar"*. El bautismo *"en la nube"* tipifica el bautismo en el Espíritu Santo. El bautismo *"en el mar"* tipifica el bautismo en agua.

23 (2). Por fe Noé y su familia entraron en el arca (= Cristo). Luego, una vez en el arca, atravesaron las aguas del diluvio (= bautismo). Así ellos fueron salvos del juicio de Dios, separados del antiguo y profano mundo e introducidos a una vida completamente nueva.

ESTUDIO NÚM. 10

TESTIFICAR Y GANAR ALMAS

INTRODUCCIÓN

Mediante Su muerte expiatoria en la cruz, Cristo ha hecho posible la salvación para todos los hombres dondequiera. Pero para poder recibir la salvación toda persona primero debe oír la Palabra de Dios y el testimonio de Cristo. El plan de Dios es que cada persona salva sea llenada del Espíritu Santo y debe luego usar este poder para testificar a otros de Cristo, y que de esta manera el testimonio de Cristo continúe extendiéndose más y más, hasta que haya alcanzado lo último de la tierra y hasta que todas las naciones hayan oído. Esta es la gran manera en que todos los cristianos pueden trabajar juntos para preparar el camino del regreso de Cristo. Los cristianos que son fieles en testificar recibirán una recompensa de Cristo y tendrán el gozo de ver en el cielo las almas que fueron ganadas por sus testimonios. Los cristianos infieles tendrán que responder a Dios por las almas perdidas a quienes ellos fallaron en testificarles.

Trabajo de Memoria: Hechos 1:8 (Repase diariamente Romanos 6:4)

Por favor, marque aquí cuando tenga preparada la tarjeta para memorizar: ☐

1. ¿Qué le dijo Cristo a Sus discípulos que ellos debían ser para Él? (Hechos 1:8)

   ____

2. ¿Qué tan lejos dijo Cristo que debía extenderse el testimonio de Sus discípulos? (Hechos 1:8)

   ____

3. ¿A quiénes debe ser extendido el testimonio antes del fin de este siglo? (Mt. 24:14)

   ____

4. ¿De qué tres cosas relacionadas con Jesús dijo Pedro que él y los otros discípulos eran testigos? (Hechos 10:39-41)

   (1) ____

   (2) ____

   (3) ____

5. ¿Qué le dijo Dios a Pablo que él iba a hacer para Cristo? (Hechos 22:15)

   ____

   ____

6. ¿Qué continuó haciendo Pablo desde el día que llegó a conocer a Jesús? (Hechos 26:22)

____

____

7. ¿Qué hace un verdadero testigo por medio de su testimonio? (Pr. 14:25)

____

8. ¿Qué debe buscar hacer un cristiano sabio? (Pr. 11:30)

____

9. Después que Andrés encontró a Jesús, ¿a quién trajo él a Jesús, a su vez? (Juan 1:40-42)

____

10. Después que Jesús encontró a Felipe, ¿a quién trajo Felipe a Jesús, a su vez? (Juan 1:43-47)

____

11. Cuando los fariseos interrogaron al ciego de nacimiento ¿qué respondió él de su propia experiencia? (Juan 9:25)

____

12. ¿De cuáles dos cosas debemos hablar y dar a conocer a otras personas? (1 Cr. 16:8-9)

(1) ______________________________________

(2) ______________________________________

13. Cuando las personas se oponían al testimonio de Pablo en Corinto ¿qué le dijo Dios a Pablo? (Hechos 18:9)

____

14. ¿Qué espíritu le dijo Pablo a Timoteo que no era de Dios? (2 Ti. 1:7)

____

15. ¿Qué trae el temor del hombre? (Pr. 29:25)

____

16. ¿Qué instrucciones le dio Pablo a Timoteo con respecto al testimonio de Cristo? (2 Ti. 1:8)

____

17. Cuando a Pedro y a Juan se les ordenó que no hablaran de Jesús ¿qué dos respuestas dieron ellos?

(1) (Hechos 4:20) ________________________________

(2) (Hechos 5:29) ________________________________

18. Cuando los otros discípulos oyeron que a Pedro y a Juan se les había prohibido hablar de Jesús ¿qué hicieron todos ellos? (Hechos 4:24)

____

19. Después que los discípulos habían orado y habían sido llenos del Espíritu Santo, ¿qué hicieron todos ellos? (Hechos 4:31)

____

20. ¿Qué posición especial le dio Dios a Ezequiel entre su pueblo? (Ez. 3:17)

____

21. ¿Qué le dijo Dios a Ezequiel que pasaría con él si fallaba en advertir a los pecadores? (Ez. 3:18)

____

22. ¿De qué dos cosas testificó Pablo a todos los hombres en Éfeso? (Hechos 20:21)

(1) ______________________________

(2) ______________________________

23. ¿Por qué podía Pablo decir que él era inocente de la sangre de todos los hombres en Éfeso? (Hechos 20:26-27)

____

24. ¿Cuál es la recompensa final preparada para todos los testigos fieles de Cristo? (2 Ti. 4:8)

____

Trabajo de Memoria: Hechos 1:8

Escriba de memoria este versículo.

____

____

____

____

No cambie la página hasta que haya completado todas las respuestas de este Estudio.

ESTUDIO NÚM. 10: TESTIFICAR Y GANAR ALMAS

RESPUESTAS CORRECTAS Y PUNTAJE

Pregunta Núm.	**Respuestas**	**Puntaje**
1.	Testigos	1
2.	Hasta lo último de la tierra	1
3.	A todas las naciones	1
4.	(1) Todo lo que él hizo	1
	(2) Su muerte (3) Su resurrección	2
5.	Ser su testigo a todos los hombres de lo que él había visto y oído	3
6.	Testificar a grandes y pequeños que las Escrituras son verdaderas	3
7.	Liberar a las almas	1
8.	Ganar almas	1
9.	Su hermanos, Simón Pedro	1
10.	Natanael	1
11.	*"Una cosa sé, que habiendo sido ciego, ahora veo"*	2
12.	(1) Las obras de Dios (2) Sus maravillas	2
13.	"No temas, sino habla"	2
14.	El espíritu de temor	1
15.	Una trampa	1
16.	No avergonzarse del testimonio de Cristo	2
17.	(1)"No podemos dejar de decir lo que hemos visto y oído"	2
	(2)"Debemos obedecer a Dios antes que a los hombres"	1
18.	Todos unánimes oraron a Dios	2
19.	Ellos hablaron la palabra de Dios con valentía	1
20.	Atalaya	1
21.	Dios requiere la sangre de ellos en Su mano	2
22.	(1) Arrepentimiento hacia Dios	1
	(2) Fe hacia nuestro Señor Jesucristo	1
23.	Porque no había rehuido darles todo el consejo de Dios	2
24.	Una corona de justicia	1

Consulte su Biblia para el Trabajo de Memoria escrito.
Si está perfecto, dése 4 de puntaje. — 4
(1 punto menos por cada error; si hay más de 3 errores, no hay puntaje)

TOTAL 44

50%—22   70%—31   80%—35

NOTAS ACERCA DE LAS RESPUESTAS CORRECTAS

(Los números en el margen izquierdo corresponden a los números de las respuestas correctas de la página anterior)

1. No se supone que los cristianos sean testigos primordialmente de una doctrina, una experiencia o una denominación, sino de Cristo mismo. Jesús dijo: *"Y yo, si fuere levantado de la tierra, a todos atraeré a mí mismo"* (Juan 12:32). El testimonio cristiano debe poner en alto a Jesús. Para hacer esto efectivamente, esto debe ser digerido y empoderado por el Espíritu Santo.

4. Compare Hechos 1:21-22 y 4:33. El hecho central de todo testimonio relacionado con Cristo es Su resurrección de entre los muertos.

5-6. El testimonio de Pablo es un modelo para todos los cristianos. Se basó en la experiencia personal; señaló a Cristo; confirmó el registro de las Escrituras.

7-8 El fiel testimonio personal es la manera más efectiva para ganar a otras almas para Cristo.

9-10. Aunque Pedro más tarde llegó a convertirse en el líder reconocido entre los apóstoles y jefe de los predicadores, fue su hermano Andrés quien vino primero a Jesús, y, después trajo a Pedro. Más adelante, de la misma manera Felipe trajo a Natanael. De esta manera, el modelo individual de ganar almas está establecido por los mismos apóstoles.

11. Alguien dijo: "El hombre con una experiencia no está a merced del hombre con un argumento".

12. La conversación de un cristiano debe ser positiva, glorificando a Dios, edificando su propia fe y la de otros.

13-16, 19. El mayor obstáculo para un testimonio cristiano efectivo es *"el espíritu de temor"* (la timidez). La Biblia enseña claramente que este espíritu no viene de Dios, y que un cristiano no debe permitir ser engañado o atado por él. El remedio es estar lleno del Espíritu Santo.

17 (2). Donde hay una clara división entre obediencia a Dios y obediencia al hombre, esta respuesta de Pedro y Juan es igual de válida hoy.

18. La oración es la gran arma dada a los cristianos para romper las barreras de su testimonio.

20-23. Al igual que Ezequiel en el Antiguo Testamento, Pablo en el Nuevo Testamento entendió que él debía rendir cuentas a Dios por aquellos a quienes se les había dado la oportunidad de testificar. Él también entendió que Dios requería que él no se guardara nada, sino que declarara *"todo el consejo de Dios"*. Dios todavía requiere lo mismo de los cristianos hoy.

ESTUDIO NÚM. 11

EL PLAN DE DIOS PARA LA PROSPERIDAD

INTRODUCCIÓN

Por toda la Biblia Dios promete bendecir y prosperar a los que confían en Él y le sirven. Para poder recibir las bendiciones financieras y materiales de Dios, debemos aprender a seguir la regla de fe de Dios que dice: *"Dad, y se os dará"* (Lucas 6:38). Empecemos por devolverle a Dios el primer décimo de todo lo que recibimos, en dinero o en producto. A este primer décimo, apartado para Dios, se le llama "diezmo". Además de este "diezmo", traemos nuestras "ofrendas" a Dios, como el Espíritu Santo nos dirija. A medida que hacemos esto con fe, Dios nos bendice abundantemente y nos suple todas nuestras necesidades.

Trabajo de Memoria: Mt. 6:33 (Repase diariamente Hechos 1:8)

Por favor, marque aquí cuando tenga preparada la tarjeta para memorizar: ☐

A. EJEMPLOS DE SIERVOS DE DIOS QUE HAN PROSPERADO

1. Cuando Dios le dio la victoria a Abraham durante la batalla ¿qué devolvió Abraham a Melquisedec, el sacerdote de Dios? (Gn 14:19-20)

   ____

2. A su vez, ¿cómo trató Dios con Abraham? (Gn. 24:1)

   ____

3. ¿Qué tres cosas quería Jacob que Dios hiciera por él? (Gn. 28:20)

   (1) ______________________________

   (2) ______________________________

   (3) ______________________________

4. ¿Qué prometió Jacob darle a cambio a Dios? (Gn. 28:22)

   ____

5. ¿Cómo fue el trato de Dios con Jacob? (Gn. 33:11)

   ____

6. ¿Qué clase de hombre era José? (Gn. 39:2)

   ____

7. ¿Cuál fue la razón para la prosperidad de José? (Gn. 39:2, 23)

____

8. ¿Qué tres cosas ordenó Dios a Josué con respecto a Su ley? (Jos. 1:8)

(1) _______________

(2) _______________

(3) _______________

9. ¿Qué le prometió Dios a Josué si hacía estas tres cosas? (Jos. 1:8)

____

10. ¿Qué le prometió David a Salomón si obedecía todos los estatutos y decretos de la ley de Dios? (1 Cr. 22:13)

____

11. Siempre que Uzías buscaba del Señor ¿qué hacía Dios por él? (2 Cr. 26:5)

____

12. Cuando Ezequías vio y sirvió a Dios de todo corazón, ¿qué sucedió con él? (2 Cr. 31:21 y 32:30)

____

B. CONDICIONES Y PROMESAS DE LA PROSPERIDAD

13. En relación a cierta clase de persona, Dios dice que *"todo lo que hace prosperará"* (Sal. 1:3)

(a) Escriba tres cosas que dicha persona *no debe hacer* (Sal. 1:1).

(1) _______________

(2) _______________

(3) _______________

(b) Escriba dos cosas que dicha persona *debe hacer* (Sal. 1:2).

(1) _______________

(2) _______________

14. ¿En qué dos maneras dijo Dios que Israel le había robado? (Mal. 3:8)

(1) _______________ (2) _______________

15. ¿Qué le sucedió a Israel como resultado de haberle robado a Dios? (Mal. 3:9)

____

16. ¿Cómo le dijo Dios a Israel que lo "probaran" (es decir, que lo pusieran a prueba)? (Mal. 3:10)

____

17. ¿Qué le prometió Dios a Israel que luego haría por ellos? (Mal. 3:10)

____

____

18. ¿Qué dos cosas dijo Cristo que los cristianos debían buscar por sobre todas las cosas? (Mt. 6:33)

(1)____________________ (2)____________________

19. ¿Qué resultados promete Cristo que seguirán? (Mt. 6:33)

____

20. Cuando damos, ¿con qué medida se nos es devuelto? (Lc. 6:38)

____

21. ¿Qué pauta dijo Pablo que cada cristiano debía utilizar como medida de cuánto debían apartar para Dios? (1 Co. 16:2)

____

22. ¿Con qué propósito se hizo pobre Cristo? (2 Co. 8:9)

____

23. ¿A qué clase de persona ama Dios? (2 Co. 9:7)

____

24. Si deseamos cosechar abundantemente, ¿qué debemos hacer primero? (2 Co. 9:6)

____

25. Si la gracia de Dios abunda para nosotros, ¿qué dos resultados seguirán? (2 Col. 9:8)

(1) ____

(2) ____

26. ¿A qué clase de persona Dios no retendrá ningún bien? (Sal. 84:11)

____

27. ¿Qué clase de persona no carecerá de ningún bien? (Sal. 34:10)

28. ¿De qué se agrada Jehová? (Sal. 35:27)

Trabajo de Memoria: Mateo 6:33

Escriba de memoria este versículo.

No cambie la página hasta que haya completado todas las respuestas de este Estudio.

ESTUDIO NÚM. 11: EL PLAN DE DIOS PARA LA PROSPERIDAD

RESPUESTAS CORRECTAS Y PUNTAJE

Pregunta Núm.	Respuestas		Puntaje
1.	Diezmos de todo		1
2.	Dios bendijo a Abraham en todo		1
3.	(1) Estar con él (2) Protegerlo en el camino que iba		2
	(3) Le dio pan para comer y vestido para vestirse		1
4.	El diezmo de todo lo que Dios le diera		1
5.	Dios trató generosamente con Jacob		1
6.	Un hombre próspero		1
7.	Jehová estuvo con él y le prosperaba en todo lo que hacía		2
8.	(1) No se apartaría de su boca (2) En ella meditaría de día y de noche		2
	(3) Él guardaría todo lo que estaba escrito en ella		1
9.	Él haría que prosperara en su camino y tuviera buen éxito		2
10.	Entonces tú prosperarás		1
11.	Dios hizo que él prosperara		1
12.	Él prosperó en todas sus obras		1
13.	(a) (1) NO andar en el consejo de los malos	1	
	(2) NO juntarse en caminos de pecadores	1	
	(3) NO sentarse en silla de escarnecedores	1	
	(b) (1) Él debe deleitarse en la ley del Señor	1	
	(2) Él debe meditar en ella de día y de noche	1	
14.	(1) En diezmos (2) En ofrendas		2
15.	La nación toda estaba maldita con maldición		1
16.	Traer todos los diezmos al alfolí		1
17.	Abrir las ventanas de los cielos y derramar tanta bendición que no habría espacio para almacenarla		2
18.	(1) El reino de Dios (2) La justicia de Dios		2
19.	Todas las cosas materiales que necesiten serán añadidas		1
20.	Con la misma medida que "medimos" (= distribuimos)		1
21.	A medida que Dios lo había prosperado		1
22.	Para que nosotros por Su pobreza pudiéramos ser ricos		1
23.	Al dador alegre		1
24.	Debemos sembrar abundantemente		1
25.	(1) Siempre tendremos suficiente en todas las cosas		1
	(2) Abundaremos en toda buena obra		1
26.	Que ellos anden rectamente		1
27.	Que ellos busquen al Señor		1
28.	De la paz de su siervo		1

Consulte su Biblia para el Trabajo de Memoria escrito.
Si está perfecto, dése 4 de puntaje. 4
(1 punto menos por cada error; si hay más de 3 errores, no hay puntaje)

TOTAL 46

50%—23 70%—32 80%—37

NOTAS ACERCA DE LAS RESPUESTAS CORRECTAS

(Los números en el margen izquierdo corresponden a los números de las respuestas correctas de la página anterior)

1-5. Nótese que la práctica de "diezmar" no comenzó con la ley de Moisés. La primera persona que aparece en la Biblia dando diezmos es Abraham. En Ro. 4:11-12 a Abraham se le llama *"padre de todos los creyentes que siguen las pisadas de la fe que tuvo nuestro padre Abraham"*. Los creyentes que hoy dan sus diezmos, en realidad están "caminando en las pisadas de fe de Abraham". Nótese que el sacerdote a quien Abraham dio los diezmos fue a Melquisedec. En Hebreos 5, 6 y 7 se muestra que Cristo es nuestro gran *"Sumo Sacerdote, según el orden de Melquisedec"*. Con esta facultad, Él todavía recibe los diezmos de Su pueblo creyente.

Tanto Abraham como Jacob experimentaron bendiciones materiales como resultado de su diezmar. En Gn. 32:10 Jacob dice: *"Con mi cayado pasé este Jordán, y ahora estoy sobre dos campamentos"*. Cuando Jacob comenzó a diezmar para Dios, no tenía nada más que su cayado en su mano. Veinte años más tarde, él era la próspera cabeza de una grande y floreciente familia.

6-7. Las circunstancias externas no pueden evitar que Dios cumpla Sus promesas. Aún en prisión José prosperó; y aún más, se convirtió en el primer ministro de Egipto. La prosperidad de José fue solamente la demostración externa de su carácter y de su relación con Dios.

8–9 Josué fue llamado para liderar al pueblo de Dios hacia "la Tierra Prometida". Hoy los cristianos son llamados a entrar a "una tierra de promesas". Entonces y ahora, las condiciones para el éxito son las mismas. Nótese especialmente la importancia de la meditación correcta. Compare las respuestas a la pregunta 13(b) (2).

10-12. Desde David hasta la cautividad babilónica, Dios prosperó a cada rey de Judá que era obediente a la Ley y fiel en el servicio del templo.

13. Nótese que Sal. 1:1-3 no describe un carácter histórico en particular, sino que generalmente se aplica a todo creyente que cumple con las condiciones establecidas.

14-15. La infidelidad del pueblo de Dios en darle a Dios [los diezmos y las ofrendas] puede acarrear una maldición nacional. Este principio se aplica todavía hoy.

16-21. La única base de justicia aceptable para Dios es la fe. *"Todo lo que no proviene de fe, es pecado"* (Ro. 14:23). Compare He. 11:6. Este principio se aplica a nuestro trato financiero, así como a todas las otras áreas de nuestra vida.

22. De acuerdo con la Biblia, la pobreza es una maldición. Dt. 28:15-68 da una lista de maldiciones que resultan por quebrantar la ley de Dios. En el versículo 48 se incluye lo siguiente: *"Servirás, por tanto, a tus enemigos que enviare Jehová contra ti, con hambre y con sed y con desnudez, y con falta de todas las cosas"*. Esto es absoluta pobreza. En la cruz, Cristo tomó sobre Sí mismo todas estas maldiciones (ver Gá. 3:13-14). Él tuvo hambre, sed, desnudez, necesidad de todas las cosas. Él hizo esto para que los creyentes a su vez recibieran la abundante provisión de Dios para cada necesidad (ver Fil. 4:19).

23. *"Con alegría"*, literalmente, "regocijado".

24. Los cristianos deben dar de la misma manera que el granjero siembra la semilla — cuidadosamente, inteligentemente, en el área que se calcula será mejor para el beneficio del reino de Dios.

26-28. La prosperidad es la voluntad de Dios para Su pueblo creyente y obediente.

ESTUDIO NÚM. 12

LA SEGUNDA VENIDA DE CRISTO

INTRODUCCIÓN

Cuando Jesucristo vino a la tierra por primera vez hace más de 2000 años, Su venida cumplió exactamente cada detalle de todas las profecías bíblicas relacionadas con dicho evento. Cuando Él dejó esta tierra para regresar al cielo, Él prometió a Sus discípulos de una manera muy definida que volvería otra vez a la tierra. Aparte de estas promesas que Jesús mismo hizo, hay muchas profecías a lo largo de la Biblia concernientes a la segunda venida de Cristo – aún más, de hecho, que las referentes a Su primera venida. Puesto que las profecías de Su primera venida fueron exacta y literalmente cumplidas, es razonable creer que las profecías sobre Su segunda venida serán cumplidas de la misma manera. Las Escrituras en este estudio contienen las claras promesas del regreso de Cristo. Ellas también nos dicen lo que ocurrirá a los cristianos, y cómo los cristianos deben prepararse mientras tanto.

Trabajo de Memoria: Lucas 21:36 (Repase diariamente Mateo 6:33)

Por favor, marque aquí cuando tenga preparada la tarjeta para memorizar: ☐

A. PROMESAS DEL REGRESO DE CRISTO

1. ¿Para cuál propósito dijo Cristo que dejaba a Sus discípulos? (Juan 14:2)

 ____

2. ¿Cuál promesa dio Cristo a Sus discípulos cuando los dejó? (Juan 14:3)

 ____

3. Cuando Cristo ascendió al cielo, ¿cuál promesa dieron los ángeles? (Hechos 1:11)

 ____

 ____

4. ¿Cuál es la *"bendita esperanza"* que todos los verdaderos cristianos esperan? (Tit. 2:13)

 ____

5. ¿Qué tres sonidos se oirán cuando Cristo descienda del cielo? (1 Ts. 4:16)

 (1) ______________________________

 (2) ______________________________

 (3) ______________________________

B. LO QUE LE PASARÁ A LOS CRISTIANOS

6. ¿Habrán muerto todos los cristianos cuando el Mesías venga? (1 Co. 15:51)

____

7. En este momento, ¿qué sucederá a los cristianos que han muerto? (1 Ts. 4:16)

____

8. Escriba 2 cosas que les pasará entonces a los cristianos, ya sea que hayan muerto o no.

   (1) (1 Co. 15:51) ______________________________

   ____

   (2) (1 Ts. 4:17) ______________________________

   ____

9. ¿Estos cristianos estarán jamás separados del Señor? (1 Ts. 4:17)

____

10. Cuando realmente veamos al Señor, ¿qué cambio se efectuará en nosotros? (1 Jn. 3:2)

____

11. Como resultado de este cambio, ¿cómo será el cuerpo de los cristianos? (Fil. 3:21)

____

12. ¿Cuáles dos palabras usa Pablo para describir el cuerpo de los cristianos después de la resurrección? (1 Co. 15:53)

    (1)______________ (2)______________

13. ¿Cómo describe la Biblia la fiesta que disfrutarán entonces los cristianos? (Ap. 19:9)

____

C. CÓMO DEBEN PREPARARSE LOS CRISTIANOS

14. ¿Qué hizo la esposa del Cordero antes de la cena de bodas? (Ap. 19:7)

____

15. ¿Qué clase de vestidura usaba ella? (Ap. 19:8)

____

16. ¿Qué representa el lino fino? (Ap. 19:8)

____

17. De las diez vírgenes, ¿cuáles entraron a las bodas? (Mt. 25:10)

____

18. Si un hombre tiene esperanza de ver al Señor cuando Él venga, ¿cómo debe prepararse para esto? (1 Juan 3:3)

____

19. ¿A quiénes se les aparecerá Cristo la segunda vez para salvación? (He. 9:28)

____

20. ¿Qué dos cosas debemos seguir, si deseamos ver al Señor? (He. 12:14)

(1)________________ (2)________________

21. Escriba tres condiciones que marcarían a todos los cristianos al regreso de Cristo (2 P. 3:14)

(1) ____________ (2) ____________ (3) ____________

22. ¿Qué expresión usa Cristo para mostrar cuán repentina será su segunda venida? (Ap. 3:3; 16:15)

____

23. ¿Quién sabe el día y la hora de la venida de Cristo? (Mr. 13:32)

____

24. ¿Qué advirtió Cristo a todos los cristianos a hacer en vista de Su venida? (Mr. 13:35-37)

____

25 ¿Qué advirtió Cristo a todos los cristianos a hacer, además de vigilar? (Lucas 21:36)

____

26. ¿Qué tres cosas advirtió Cristo a los cristianos que les obstaculizaría de estar listos? (Lucas 21:34)

(1)____________ (2)____________ (3) ____________

Trabajo de Memoria: Lucas 21:36

Escriba de memoria este versículo.

____

____

____

____

____

No cambie la página hasta que haya completado todas las respuestas de este Estudio.

ESTUDIO NÚM. 12: LA SEGUNDA VENIDA DE CRISTO

RESPUESTAS CORRECTAS Y PUNTAJE

Pregunta Núm.	Respuestas	Puntaje
1.	Para ir y preparar lugar para ellos	1
2.	Vendré otra vez y los tomaré a Mí mismo	2
3.	Este mismo Jesús vendrá de la misma manera que le habéis visto ir al cielo	2
4.	La gloriosa aparición del gran Dios y nuestro Salvador Jesucristo	2
5.	(1) Una voz de mando (2) La voz del arcángel	2
	(3) La trompeta de Dios	1
6.	No	1
7.	Se levantarán (de entre los muertos)	1
8.	(1) Serán transformados	1
	(2) Serán levantados en las nubes para encontrarse con el Señor en el aire	2
9.	Nunca	1
10.	Seremos como Él	1
11.	Igual al glorioso (glorificado) cuerpo de Cristo	1
12.	(1) Incorrupción (2) Inmortalidad	2
13.	La cena de las bodas del Cordero (Cristo)	1
14.	Ella se ha preparado	1
15.	Lino fino, limpio y blanco (resplandeciente)	1
16.	La justicia de los santos	1
17.	Las que estaban listas	1
18.	Se purifica a sí mismo así como Él (Cristo) es puro	2
19.	A los que lo buscan	1
20.	(1) Paz con todos los hombres (2) Santidad	2
21.	(1) Deben estar en paz con todos los hombres (2) Deben estar Sin mancha	2
	(3) Deben ser Irreprensibles	1
22.	"Como ladrón…"	1
23.	Solamente Dios el Padre	1
24.	Velar	1
25.	Orar en todo tiempo	1
26.	(1) Glotonería (2) Embriaguez	2
	(3) Los afanes de esta vida	1

Consulte su Biblia para el Trabajo de Memoria escrito.
Si está perfecto, dése 4 de puntaje. 4
(1 punto menos por cada error; si hay más de 3 errores, no hay puntaje)

TOTAL 44

50%—22 70%—31 80%—35

NOTAS ACERCA DE LAS RESPUESTAS CORRECTAS

(Los números en el margen izquierdo corresponden a los números de las respuestas correctas en la página anterior)

1-5. *"Para que en boca de dos o tres testigos conste toda palabra"* (Mt. 18:16, etc). Con relación al regreso de Cristo nosotros tenemos tres testigos: (1) El mismo Cristo (ver Juan 14:3); (2) los ángeles (ver Hechos 1:11); (3) el apóstol Pablo (ver 1 Ts. 4:16). Nótese el énfasis sobre el regreso de Cristo en persona: *"Este mismo Jesús… "El Señor mismo…"* Esta *"bendita esperanza"* es la meta suprema de todos los cristianos vivientes.

5 (1). La *"voz de mando"* vendrá del mismo Señor, porque Su voz tiene poder para levantar a los muertos (ver Juan 5:28-29). (2) Se presume que el arcángel sea Gabriel, cuya misión especial es anunciar las inminentes intervenciones de Dios en los asuntos de los hombres (ver Lucas 1:19, 26). (3) La trompeta se utiliza para llamar a reunión al pueblo de Dios (ver Nm. 10:2-3).

6. *"Dormir"* significa "morir" (Compare Hechos 7:60; 1 Co. 11:30). Esta palabra particularmente se usa en la muerte de los cristianos, porque ellos esperan "levantarse" otra vez en la mañana de la resurrección.

6-8. Se indica el siguiente orden de los eventos: (1) Los cristianos muertos resucitarán con un nuevo cuerpo glorificado; (2) Los cristianos que vivan tendrán sus cuerpos similarmente transformados instantáneamente, cuerpos glorificados; (3) Todos los cristianos serán levantados juntos en las nubes para encontrarse con el Señor mientras Él desciende del cielo.

10-12. El cuerpo glorificado del cristiano será igual al del mismo cuerpo glorificado del Señor. (Para un estudio más completo de esta materia, véase el libro de Derek Prince, *El Manual del Cristiano Lleno del Espíritu Santo*, Parte VI, Resurrección de los Muertos).

13. Compare Mt. 8:11; 26:29.

14-21, 24-25. La Biblia enseña claramente que para estar listo para el regreso de Cristo, los cristianos tendrán que prepararse diligentemente. En Ap. 19:8 la traducción literal es "justicia" o los "actos justos de los santos". Esta es la expresión externa en la vida práctica de los cristianos, de la justicia de Cristo recibida por fe. Compare Fil. 2:12-13: *"Porque Dios es el que en vosotros produce…"* El requisito principal de la Palabra de Dios en este respecto puede resumirse como sigue: (1) Pureza (sin mancha) (1 Juan 3:3; 2 P. 3:14); (2) Santidad (He. 12:14); (3) Paz (= relaciones correctas con todos los hombres) (He. 12:14; 2 Ped. 3:14); (4) Sin mácula (= fidelidad en todos los deberes cristianos) (2 P. 3:14); (5) Esperanza (He. 9:28); (6) Vigilancia (Marcos 13:37); y, (7) Con oración (Lucas 21:36).

22. Cristo será "como ladrón" en la manera de Su venida, pero Él tomará solamente lo que es Suyo. Son ellos *"los que son de Cristo, en su venida"* (1 Co. 15:23).

23. Cuando llegue el momento, el Padre se lo dirá al Hijo. Entonces todo el cielo entrará en acción.

26. (1) Cristo siempre advierte contra la "glotonería" antes de la "embriaguez".(3) Compare Lucas 17:27-28. Las cosas que se mencionan aquí no son pecaminosas en sí. El pecado consiste en ser absorbido por ellas.

ESTUDIO NÚM. 13

SEÑALES DE LA VENIDA DE CRISTO

INTRODUCCIÓN

La Biblia nos habla de varias cosas especiales que estarán sucediendo en el mundo justo en el tiempo antes de la segunda venida de Cristo, señales que servirán para advertirnos que Él viene pronto. En este estudio se dan algunas de las señales más importantes. Ellas están divididas en dos grupos: A. Señales en el mundo de la religión; B. Señales en el mundo entero. Debajo de cada grupo de señales se dan las referencias de los pasajes de las Escrituras en los que estas señales se mencionan.

En este estudio se requiere que usted haga lo siguiente:

1. Lea las señales en el Grupo A.
2. Lea las escrituras de las referencias dadas debajo del Grupo A.
3. Sobre la línea punteada de cada señal, escriba la referencia del pasaje que menciona esa señal.
4. Repita el mismo procedimiento para el Grupo B.
5. Al final de cada señal usted verá un cuadrado. Cuando haya completado el resto del estudio, lea las señales una vez más y marque cada cuadrado si cree que esa señal en particular se está cumpliendo hoy en el mundo.

(NOTA: Hay una referencia bíblica apropiada para cada señal. Sin embargo, Mt. 24:9 aplica a tres diferentes señales, y debe escribirse después de cada señal a la cual aplica).

Trabajo de Memoria: Lucas 21:28 (Repase diariamente Lucas 21:36)
Por favor, marque aquí cuando tenga preparada la tarjeta para memorizar: ☐

A. SEÑALES EN EL MUNDO DE LA RELIGIÓN

1. Derramamiento del Espíritu Santo a nivel mundial ☐

   ____

2. Evangelismo y actividad misionera mundiales ☐

   ____

3. Los cristianos son afligidos, asesinados y odiados ☐

   ____

4. Muchos falsos profetas ☐

   ____

5. Un gran alejamiento de la fe cristiana ☐

____

6. Muchos cristianos siendo desviados por engaños del diablo ☐

____

7. El amor de muchos cristianos enfriándose ☐

____

REFERENCIAS BÍBLICAS:

Mateo 24:11-12; 1 Timoteo 4:1; 2 Ts. 2:3; Mateo 24:9, 14; Hechos 2:17

B. SEÑALES EN EL MUNDO ENTERO

8. Grandes guerras internacionales ☐

____

9. Aumento en los viajes y el conocimiento ☐

____

10. Se levanta el sionismo y reconstrucción del estado de Israel ☐

____

11. Jerusalén es liberada del dominio gentil ☐

____

12. Muchos burladores niegan la Palabra de Dios y la promesa del regreso de Cristo ☐

____

13. La gente está absorta en los placeres y las búsquedas materiales, olvidando los inminentes juicios de Dios ☐

____

14. Gran declinación en las normas morales y éticas, combinada con las formas externas de religión ☐

____

15. Excesiva iniquidad (literalmente "desorden") ☐

____

16. Hambrunas y pestilencias ☐

____

17. Aumento en la severidad y secuencia de terremotos ☐

____

18. Angustia y perplejidad de las naciones ☐

____

19. Muchos anticristos ☐

____

REFERENCIAS BÍBLICAS

Mt. 24:12; Daniel 12:4; 2 Tim. 3: 1-5; Lucas 21: 24; Mateo 24:7; Lucas 21:25; 1 Juan 2:18; Lucas 17: 26-30; 2 Pedro 3: 2-7; Sal. 102: 16

Trabajo de Memoria: Lucas 21:28

Escriba de memoria este versículo.

____

____

____

____

____

No cambie la página hasta que haya completado todas las respuestas de este Estudio.

ESTUDIO NÚM. 13: SEÑALES DE LA VENIDA DE CRISTO

RESPUESTAS CORRECTAS Y PUNTAJE

Pregunta Núm.	Respuestas	Puntaje
1.	Hechos 2:17	1
2.	Mateo 24:14	1
3.	Mateo 24:9	1
4.	Mateo 24:11	1
5.	2 Tesalonicenses 2:3	1
6.	1 Timoteo 4:1	1
7.	Mateo 24:12	1
8.	Mateo 24:7	1
9.	Daniel 12:4	1
10.	Salmo 102:16	1
11.	Lucas 21:24	1
12.	2 Pedro 3:27	1
13.	Lucas 17:26-30	1
14.	2 Timoteo 3:15	1
15.	Mateo 24:12	1
16.	Mateo 24:7	1
17.	Mateo 24:7	1
18.	Lucas 21:25	1
19.	1 Juan 2:18	1

Consulte su Biblia para el Trabajo de Memoria escrito.
Si está perfecto, dése 4 de puntaje. 4
(1 punto menos por cada error; si hay más de 3 errores, no hay puntaje)

TOTAL 23

50%—11 70%—16 80%—18

TRES PREGUNTAS FINALES IMPORTANTES

Hay 19 señales diferentes acerca de la venida de Cristo mencionadas en este estudio.

1. ¿En cuántas de ellas puso una marca?

____

2. ¿Le indica esto que Cristo puede venir pronto?

____

3. Si es así, ¿está usted listo?

____

NOTAS ACERCA DE LAS RESPUESTAS CORRECTAS

(Los números en el margen izquierdo corresponden a los números de las respuestas correctas en la página anterior)

1. La expresión *"toda carne"* denota la raza humana entera. En los profetas, a menudo se usa con este significado (ver Is. 40:5-6; Jer. 25:31; Ez. 21:4-5). Cada sección de la raza humana sentirá el impacto de este último derramamiento del Espíritu Santo.

2. El alcance evangelístico y misionero son el resultado natural del derramamiento del Espíritu de Dios. Nótese el comentario final después de esta señal: *"Entonces vendrá el fin"*.

3. Se estima que ha habido más cristianos mártires en el Siglo XX que en cualquier otro siglo anterior. Bajo el comunismo ateo, entre una tercera parte de la población mundial, la cristiandad es perseguida sistemáticamente.

4-6. Estas tres señales indican, cerca del cierre de esta era, un aumento tremendo en la presión y los engaños satánicos con el objetivo de seducir a los cristianos a usurpar su lealtad a Cristo. La Biblia indica que al final habrá solamente dos grupos significativos dentro de la cristiandad: uno descrito como una *"novia"* y el otro como una *"ramera"*. La *"novia"* es identificada por su fidelidad al *"novio"* (= Cristo). Inversamente, *"la ramera"* es identificada por su infidelidad a Cristo (ver Ap. capítulos 17 y 18).

7. Esta señal corresponde al cuadro de Laodicea, la última de las siete iglesias de Apocalipsis, cuyo condenable pecado es la *"tibieza"* (ver Ap. 3:14-22). Esta declinación en el amor de los cristianos será principalmente debido a uno o más de los siguientes factores: (1) amarga persecución; (2) engaño satánico; y (3) materialismo prevaleciente.

8. Este siglo ha visto grandes guerras y más numerosas que cualquier siglo anterior, especialmente las dos "guerras mundiales".

9. Nótese que estos dos factores están conectados lógicamente. El aumento en el conocimiento (ciencia) ha hecho posible el aumento de los viajes. De la misma manera, el aumento en los viajes contribuye al aumento del conocimiento.

10-11. El surgimiento del sionismo, el renacimiento del estado de Israel, y la Guerra de los Seis días de 1967 están entre los grandes milagros de la historia moderna. Alguien dijo que: "Los judíos son el minutero en el reloj profético de Dios, y este minutero ya casi ha alcanzado la medianoche".

12. El siglo pasado ha sido testigo de ataques sistemáticos a la Biblia como ningún siglo anterior puede registrar. Paradójicamente, estos ataques a la Biblia son una confirmación de su exactitud, ya que la Biblia claramente los predice.

13-15, 18. Estas señales son confirmadas diariamente por medio de los periódicos del mundo moderno (Compare Lucas 17:26 con Gn. 6:5, 12-13). Los tres principales rasgos del mal en los días de Noé fueron: (1) imaginaciones malignas; (2) corrupción sexual y perversión; y (3) violencia.

16. Las hambrunas y pestilencias naturalmente tienden a ir juntas, y con frecuencia ambas son causadas por la guerra.

17. Los registros del siglo pasado indican un marcado aumento en la frecuencia de terremotos.

19. La obra del *"espíritu del anticristo"* es doble: primero, desplazar a Cristo de Su posición dada por Dios, posición de autoridad y supremacía; segundo, levantar a otro en el lugar de Cristo. En este sentido, los 3 principales "ismos" políticos de esta generación — fascismo, nazismo y comunismo – han sido todos "anticristianos" (así como muchas otras fuerzas políticas y religiosas funcionando hoy en el mundo). No obstante, el mundo todavía espera al último "anticristo", el cual se describe en 2 Ts. 2:3-12.

ESTUDIO NÚM. 14

REPASO

INTRODUCCIÓN

El propósito de este último estudio es fijar firmemente en su mente las verdades más importantes que usted ha aprendido de los estudios anteriores. El repaso es una parte esencial de todo aprendizaje minucioso. Si está dispuesto a trabajar continuamente a través de este estudio, siguiendo las instrucciones cuidadosamente paso a paso, aumentará grandemente el beneficio y la bendición que ha recibido de los estudios anteriores, y se dará cuenta por sí mismo cuánto realmente ha aprendido. ¡No omita el repaso del Trabajo de Memoria!

Último Trabajo de Memoria: Santiago 1:25 (Repase diariamente Lucas 21:28)

Por favor, marque aquí cuando tenga preparada la tarjeta para memorizar: ☐

- Primero, lea cuidadosamente todas las preguntas de los 13 estudios anteriores junto con las respuestas correctas correspondientes. Asegúrese de que ahora sabe y entiende la respuesta correcta a cada pregunta.
- Segundo, repase todos los pasajes que ha aprendido para el Trabajo de Memoria.
- Tercero, escriba las respuestas a las secciones A y B siguientes.

SECCIÓN A:

Escriba en el espacio provisto, cuatro verdades importantes de la Biblia que haya aprendido en este curso. En cada caso, escriba las referencias a los pasajes en la Biblia donde se encuentra dicha verdad.

Primera verdad ____

____

____

____

____

Referencias bíblicas: ____

____

Segunda verdad ____

____

____

Referencias bíblicas:

Tercera verdad

Referencias bíblicas:

Cuarta verdad

Referencias bíblicas:

SECCIÓN B

En el espacio siguiente, describa brevemente cualesquiera cambios importantes que han tomado lugar en su propia vida al estudiar la Biblia.

NOTA: No hay puntaje asignado para las secciones A y B anteriores.

Último Trabajo de Memoria: Santiago 1:25

Escriba de memoria este versículo.

____

____

____

____

Puntaje para el Trabajo de Memoria de arriba.
Si está perfecto, dése 4 de puntaje. 4
(1 punto menos por cada error; si hay más de 3 errores, no hay puntaje) ___
Puntaje total para este Estudio: 4

CALIFICACIÓN PARA EL CURSO

CÓMO EVALUAR SUS PROPIOS RESULTADOS:

Escriba sus puntajes para cada estudio en el espacio proviso abajo, en la columna derecha. Sume su propio total y compárelo con los modelos dados para PASA, CRÉDITO o DISTINCIÓN.

Estudio N° 1	54		______
Estudio N° 2	40		______
Estudio N° 3	40		______
Estudio N° 4	44		______
Estudio N° 5	49		______
Estudio N° 6	38		______
Estudio N° 7	59		______
Estudio N° 8	49		______
Estudio N° 9	36		______
Estudio N° 10	44		______
Estudio N° 11	46		______
Estudio N° 12	44		______
Estudio N° 13	23		______
Estudio N° 14	4		______
TOTAL	570	TOTAL	______
PASA	50%		285
CRÉDITO	70%		399
DISTINCIÓN	80%		456

¡FELICITACIONES POR COMPLETAR EL CURSO!

Ahora usted querrá explorar las verdades de la Biblia en un estudio sistemático posterior.

LEA TODA LA BIBLIA EN UN AÑO

Día 1: Génesis 1–2; Mateo 1

Día 2: Génesis 3–5; Mateo 2

Día 3: Génesis 6–8; Mateo 3

Día 4: Génesis 9–11; Mateo 4

Día 5: Génesis 12–14; Mateo 5:1–26

Día 6: Génesis 15–17; Mateo 5:27–48

Día 7: Génesis 18–19; Mateo 6

Día 8: Génesis 20–22; Mateo 7

Día 9: Génesis 23–24; Mateo 8

Día 10: Génesis 25–26; Mateo 9:1–17

Día 11: Génesis 27–28; Mateo 9:18–38

Día 12: Génesis 29–30; Mateo 10:1–23

Día 13: Génesis 31–32; Mateo 10:24–42

Día 14: Génesis 33–35; Mateo 11

Día 15: Génesis 36–37; Mateo 12:1–21

Día 16: Génesis 38–40; Mateo 12:22–50

Día 17: Génesis 41; Mateo 13:1–32

Día 18: Génesis 42–43; Mateo 13:33–58

Día 19: Génesis 44–45; Mateo 14:1–21

Día 20: Génesis 46–48; Mateo 14:22–36

Día 21: Génesis 49–50; Mateo 15:1–20

Día 22: Éxodo 1–3; Mateo 15:21–39

Día 23: Éxodo 4–6; Mateo 16

Día 24: Éxodo 7–8; Mateo 17

Día 25: Éxodo 9–10; Mateo 18:1–20

Día 26: Éxodo 11–12; Mateo 18:21–35

Día 27: Éxodo 13–15; Mateo 19:1–15

Día 28: Éxodo 16–18; Mateo 19:16–30

Día 29: Éxodo 19–21; Mateo 20:1–16

Día 30: Éxodo 22–23; Mateo 20:17–34

Día 31: Éxodo 24–26; Mateo 21:1–22

Día 32: Éxodo 27–28; Mateo 21:23–46

Día 33: Éxodo 29–30; Mateo 22:1–22

Día 34: Éxodo 31–33; Mateo 22:23–46

Día 35: Éxodo 34–36; Mateo 23:1–22

Día 36: Éxodo 37–38; Mateo 23:23–39

Día 37: Éxodo 39–40; Mateo 24:1–22

Día 38: Levítico 1–3; Mateo 24:23–51

Día 39: Levítico 4–6; Mateo 25:1–30

Día 40: Levítico 7–9; Mateo 25:31–46

Día 41: Levítico 10–12; Mateo 26:1–19

Día 42: Levítico 13; Mateo 26:20–54

Día 43: Levítico 14; Mateo 26:55–75

Día 44: Levítico 15–17; Mateo 27:1–31

Día 45: Levítico 18–19; Mateo 27:32–66

Día 46: Levítico 20–21; Mateo 28:1–20

Día 47: Levítico 22–23; Marcos 1:1–22

Día 48: Levítico 24–25; Marcos 1:23–45

Día 49: Levítico 26–27; Marcos 2

Día 50: Números 1–2; Marcos 3:1–21

Día 51: Números 3–4; Marcos 3:22–35

Día 52: Números 5–6; Marcos 4:1–20

Día 53: Números 7; Marcos 4:21–41

Día 54: Números 8–10; Marcos 5:1–20

Día 55: Números 11–13; Marcos 5:21–43

Día 56: Números 14–15; Marcos 6:1–32

Día 57: Números 16–17; Marcos 6:33–56

Día 58: Números 18–20; Marcos 7:1–13

Día 59: Números 21–22; Marcos 7:14–37

Día 60: Números 23–25; Marcos 8:1–21

Día 61: Números 26–27; Marcos 8:22–38

Día 62: Números 28–29; Marcos 9:1–29

Día 63: Números 30–31; Marcos 9:30–50

Día 64: Números 32–33; Marcos 10:1–31

Día 65: Números 34–36; Marcos 10:32–52

Día 66: Deuteronomio 1–2; Marcos 11:1–19

Día 67: Deuteronomio 3–4; Marcos 11:20–33

Día 68: Deuteronomio 5–7; Marcos 12:1–27

Día 69: Deuteronomio 8–10; Marcos 12:28–44

Día 70: Deuteronomio 11–13; Marcos 13:1–13

Día 71: Deuteronomio 14–16; Marcos 13:14–37

Día 72: Deuteronomio 17–19; Marcos 14:1–25

Día 73: Deuteronomio 20–22; Marcos 14:26–50

Día 74: Deuteronomio 23–25; Marcos 14:51–72

Día 75: Deuteronomio 26–27; Marcos 15:1–26

Día 76: Deuteronomio 28; Marcos 15:27–47

Día 77: Deuteronomio 29–30; Marcos 16

Día 78: Deuteronomio 31–32; Lucas 1:1–23

Día 79: Deuteronomio 33–34; Lucas 1:24–56

Día 80: Josué 1–3; Lucas 1:57–80

Día 81: Josué 4–6; Lucas 2:1–24

Día 82: Josué 7–8; Lucas 2:25–52

Día 83: Josué 9–10; Lucas 3

Día 84: Josué 11–13; Lucas 4:1–32

Día 85: Josué 14–15; Lucas 4:33–44

Día 86: Josué 16–18; Lucas 5:1–16

Día 87: Josué 19–20; Lucas 5:17–39

Día 88: Josué 21–22; Lucas 6:1–26

Día 89: Josué 23–24; Lucas 6:27–49

Día 90: Jueces 1–2; Lucas 7:1–30

Día 91: Jueces 3–5; Lucas 7:31–50

Día 92: Jueces 6–7; Lucas 8:1–21

Día 93: Jueces 8–9; Lucas 8:22–56

Día 94: Jueces 10–11; Lucas 9:1–36

Día 95: Jueces 12–14; Lucas 9:37–62

Día 96: Jueces 15–17; Lucas 10:1–24

Día 97: Jueces 18–19; Lucas 10:25–42

Día 98: Jueces 20–21; Lucas 11:1–28

Día 99: Rut 1–4; Lucas 11:29–54

Día 100: 1 Samuel 1–3; Lucas 12:1–34

Día 101: 1 Samuel 4–6; Lucas 12:35–59

Día 102: 1 Samuel 7–9; Lucas 13:1–21

Día 103: 1 Samuel 10–12; Lucas 13:22–35

Día 104: 1 Samuel 13–14; Lucas 14:1–24

Día 105: 1 Samuel 15–16; Lucas 14:25–35

Día 106: 1 Samuel 17–18; Lucas 15:1–10

Día 107: 1 Samuel 19–21; Lucas 15:11–32

Día 108: 1 Samuel 22–24; Lucas 16:1–18

Día 109: 1 Samuel 25–26; Lucas 16:19–31

Día 110: 1 Samuel 27–29; Lucas 17:1–19

Día 111: 1 Samuel 30–31; Lucas 17:20–37

Día 112: 2 Samuel 1–3; Lucas 18:1–17

Día 113: 2 Samuel 4–6; Lucas 18:18–43

Día 114: 2 Samuel 7–9; Lucas 19:1–28

Día 115: 2 Samuel 10–12; Lucas 19:29–48

Día 116: 2 Samuel 13–14; Lucas 20:1–26

Día 117: 2 Samuel 15–16; Lucas 20:27–47

Día 118: 2 Samuel 17–18; Lucas 21:1–19

Día 119: 2 Samuel 19–20; Lucas 21:20–38

Día 120: 2 Samuel 21–22; Lucas 22:1–30

Día 121: 2 Samuel 23–24; Lucas 22:31–53

Día 122: 1 Reyes 1–2; Lucas 22:54–71

Día 123: 1Reyes 3–5; Lucas 23:1–26

Día 124: 1 Reyes 6–7; Lucas 23:27–38

Día 125: 1 Reyes 8–9; Lucas 23:39–56

Día 126: 1 Reyes 10–11; Lucas 24:1–35

Día 127: 1 Reyes 12–13; Lucas 24:36–53

Día 128: 1 Reyes 14–15; Juan 1:1–28

Día 129: 1 Reyes 16–18; Juan 1:29–51

Día 130: 1 Reyes 19–20; Juan 2

Día 131: 1 Reyes 21–22; Juan 3:1–21

Día 132: 2 Reyes 1–3; Juan 3:22–36

Día 133: 2 Reyes 4–5; Juan 4:1–30

Día 134: 2 Reyes 6–8; Juan 4:31–54

Día 135: 2 Reyes 9–11; Juan 5:1–24

Día 136: 2 Reyes 12–14; Juan 5:25–47

Día 137: 2 Reyes 15–17; Juan 6:1–21

Día 138: 2 Reyes 18–19; Juan 6:22–44

Día 139: 2 Reyes 20–22; Juan 6:45–71

Día 140: 2 Reyes 23–25; Juan 7:1–31

Día 141: 1 Crónicas 1–2; Juan 7:32–53

Día 142: 1 Crónicas 3–5; Juan 8:1–20

Día 143: 1 Crónicas 6–7; Juan 8:21–36

Día 144: 1 Crónicas 8–10; Juan 8:37–59

Día 145: 1 Crónicas 11–13; Juan 9:1–23

Día 146: 1 Crónicas 14–16; Juan 9:24–41

Día 147: 1 Crónicas 17–19; Juan 10:1–21

Día 148: 1 Crónicas 20–22; Juan 10:22–42

Día 149: 1 Crónicas 23–25; Juan 11:1–17

Día 150: 1 Crónicas 26–27; Juan 11:18–46

Día 151: 1 Crónicas 28–29; Juan 11:47–57

Día 152: 2 Crónicas 1–3; Juan 12:1–19

Día 153: 2 Crónicas 4–6; Juan 12:20–50

Día 154: 2 Crónicas 7–9; Juan 13:1–17

Día 155: 2 Crónicas 10–12; Juan 13:18–38

Día 156: 2 Crónicas 13–16; Juan 14

Día 157: 2 Crónicas 17–19; Juan 15

Día 158: 2 Crónicas 20–22; Juan 16:1–15

Día 159: 2 Crónicas 23–25; Juan 16:16–33

Día 160: 2 Crónicas 26–28; Juan 17

Día 161: 2 Crónicas 29–31; Juan 18:1–23

Día 162: 2 Crónicas 32–33; Juan 18:24–40

Día 163: 2 Crónicas 34–36; Juan 19:1–22

Día 164: Esdras 1–2; Juan 19:23–42

Día 165: Esdras 3–5; Juan 20

Día 166: Esdras 6–8; Juan 21

Día 167: Esdras 9–10; Hechos 1

Día 168: Nehemías 1–2; Hechos 2:1–13

Día 169: Nehemías 4–6; Hechos 2:14–47

Día 170: Nehemías 7–8; Hechos 3

Día 171: Nehemías 9–11; Hechos 4:1–22

Día 172: Nehemías 12–13; Hechos 4:23–37

Día 173: Ester 1–3; Hechos 5:1–16

Día 174: Ester 4–6; Hechos 5:17–42

Día 175: Ester 7–10; Hechos 6

Día 176: Job 1–3; Hechos 7:1–19

Día 177: Job 4–6; Hechos 7:20–43

Día 178: Job 7–9; Hechos 7:44–60

Día 179: Job 10–12; Hechos 8:1–25

Día 180: Job 13–15; Hechos 8:26–40

Día 181: Job 16–18; Hechos 9:1–22

Día 182: Job 19–20; Hechos 9:23–43

Día 183: Job 21–22; Hechos 10:1–23

Día 184: Job 23–25; Hechos 10:24–48

Día 185: Job 26–28; Hechos 11

Día 186: Job 29–30; Hechos 12

Día 187: Job 31–32; Hechos 13:1–23

Día 188: Job 33–34; Hechos 13:24–52

Día 189: Job 35–37; Hechos 14

Día 190: Job 38–39; Hechos 15:1–21

Día 191: Job 40–42; Hechos 15:22–41

Día 192: Salmos 1–3; Hechos 16:1–15

Día 193: Salmos 4–6; Hechos 16:16–40

Día 194: Salmos 7–9; Hechos 17:1–15

Día 195: Salmos 10–12; Hechos 17:16–34

Día 196: Salmos 13–16; Hechos 18

Día 197: Salmos 17–18; Hechos 19:1–20

Día 198: Salmos 19–21; Hechos 19:21–41

Día 199: Salmos 22–24; Hechos 20:1–16

Día 200: Salmos 25–27; Hechos 20:17–38

Día 201: Salmos 28–30; Hechos 21:1–14

Día 202: Salmos 31–33; Hechos 21:15–40

Día 203: Salmos 34–35; Hechos 22

Día 204: Salmos 36–37; Hechos 23:1–11

Día 205: Salmos 38–40; Hechos 23:12–35

Día 206: Salmos 41–43; Hechos 24

Día 207: Salmos 44–46; Hechos 25

Día 208: Salmos 47–49; Hechos 26

Día 209: Salmos 50–52; Hechos 27:1–25

Día 210: Salmos 53–55; Hechos 27:26–44

Día 211: Salmos 56–58; Hechos 28:1–15

Día 212: Salmos 59–61; Hechos 28:16–31

Día 213: Salmos 62–64; Romanos 1

Día 214: Salmos 65–67; Romanos 2

Día 215: Salmos 68–69; Romanos 3

Día 216: Salmos 70–72; Romanos 4

Día 217: Salmos 73–74; Romanos 5

Día 218: Salmos 75–77; Romanos 6

Día 219: Salmos 78; Romanos 7

Día 220: Salmos 79–81; Romanos 8:1–18

Día 221: Salmos 82–84; Romanos 8:19–39

Día 222: Salmos 85–87; Romanos 9

Día 223: Salmos 88–89; Romanos 10

Día 224: Salmos 90–92; Romanos 11:1–21

Día 225: Salmos 93–95; Romanos 11:22–36

Día 226: Salmos 96–98; Romanos 12

Día 227: Salmos 99–102; Romanos 13

Día 228: Salmos 103–104; Romanos 14

Día 229: Salmos 105–106; Romanos 15:1–20

Día 230: Salmos 107–108; Romanos 15:21–33

Día 231: Salmos 109–111; Romanos 16

Día 232: Salmos 112–115; 1 Corintios 1

Día 233: Salmos 116–118; 1 Corintios 2

Día 234: Salmos 119:1–48; 1 Corintios 3

Día 235: Salmos 119:49–104; 1 Corintios 4

Día 236: Salmos 119:105–176; 1 Corintios 5

Día 237: Salmos 120–123; 1 Corintios 6

Día 238: Salmos 124–127; 1 Corintios 7:1–24

Día 239: Salmos 128–131;
1 Corintios 7:25–40

Día 240: Salmos 132–135; 1 Corintios 8

Día 241: Salmos 136–138; 1 Corintios 9

Día 242: Salmos 139–141;
1 Corintios 10:1–13

Día 243: Salmos 142–144;
1 Corintios 10:14–33

Día 244: Salmos 145–147;
1 Corintios 11:1–15

Día 245: Salmos 148–150;
1 Corintios 11:16–34

Día 246: Proverbios 1–2; 1 Corintios 12

Día 247: Proverbios 3–4; 1 Corintios 13

Día 248: Proverbios 5–6;
1 Corintios 14:1–20

Día 249: Proverbios 7–8;
1 Corintios 14:21–40

Día 250: Proverbios 9–10;
1 Corintios 15:1–32

Día 251: Proverbios 11–12;
1 Corintios 15:33–58

Día 252: Proverbios 13–14; 1 Corintios 16

Día 253: Proverbios 15–16; 2 Corintios 1

Día 254: Proverbios 17–18; 2 Corintios 2

Día 255: Proverbios 19–20; 2 Corintios 3

Día 256: Proverbios 21–22; 2 Corintios 4

Día 257: Proverbios 23–24; 2 Corintios 5

Día 258: Proverbios 25–27; 2 Corintios 6

Día 259: Proverbios 28–29; 2 Corintios 7

Día 260: Proverbios 30–31; 2 Corintios 8

Día 261: Eclesiastés 1–3; 2 Corintios 9

Día 262: Eclesiastés 4–6; 2 Corintios 10

Día 263: Eclesiastés 7–9; 2 Corintios 11:1–15

Día 264: Eclesiastés 10–12;
2 Corintios 11:16–33

Día 265: Cantares de Salomón 1–3;
2 Corintios 12

Día 266: Cantares de Salomón 4–5;
2 Corintios 13

Día 267: Cantares de Salomón 6–8;
Gálatas 1

Día 268: Isaías 1–3; Gálatas 2

Día 269: Isaías 4–6; Gálatas 3

Día 270: Isaías 7–9; Gálatas 4

Día 271: Isaías 10–12; Gálatas 5

Día 272: Isaías 13–15; Gálatas 6

Día 273: Isaías 16–18; Efesios 1

Día 274: Isaías 19–21; Efesios 2

Día 275: Isaías 22–23; Efesios 3

Día 276: Isaías 24–26; Efesios 4

Día 277: Isaías 27–28; Efesios 5

Día 278: Isaías 29–30; Efesios 6

Día 279: Isaías 31–33; Filipenses 1

Día 280: Isaías 34–36; Filipenses 2

Día 281: Isaías 37–38; Filipenses 3

Día 282: Isaías 39–40; Filipenses 4

Día 283: Isaías 41–42; Colosenses 1

Día 284: Isaías 43–44; Colosenses 2

Día 285: Isaías 45–47; Colosenses 3

Día 286: Isaías 48–49; Colosenses 4

Día 287: Isaías 50–52; 1 Tesalonicenses 1

Día 288: Isaías 53–55; 1 Tesalonicenses 2

Día 289: Isaías 56–58; 1 Tesalonicenses 3

Día 290: Isaías 59–61; 1 Tesalonicenses 4

Día 291: Isaías 62–64; 1 Tesalonicenses 5

Día 292: Isaías 65–66; 2 Tesalonicenses 1

Día 293: Jeremías 1–2; 2 Tesalonicenses 2

Día 294: Jeremías 3–4; 2 Tesalonicenses 3

Día 295: Jeremías 5–6; 1 Timoteo 1

Día 296: Jeremías 7–8; 1 Timoteo 2

Día 297: Jeremías 9–10; 1 Timoteo 3

Día 298: Jeremías 11–13; 1 Timoteo 4

Día 299: Jeremías 14–16; 1 Timoteo 5

Día 300: Jeremías 17–19; 1 Timoteo 6

Día 301: Jeremías 20–22; 2 Timoteo 1

Día 302: Jeremías 23–24; 2 Timoteo 2

Día 303: Jeremías 25–26; 2 Timoteo 3

Día 304: Jeremías 27–28; 2 Timoteo 4

Día 305: Jeremías 29–30; Tito 1

Día 306: Jeremías 31–32; Tito 2

Día 307: Jeremías 33–35; Tito 3

Día 308: Jeremías 36–37; Filemón 1

Día 309: Jeremías 38–39; Hebreos 1

Día 310: Jeremías 40–42; Hebreos 2

Día 311: Jeremías 43–45; Hebreos 3

Día 312: Jeremías 46–48; Hebreos 4

Día 313: Jeremías 49–50; Hebreos 5

Día 314: Jeremías 51–52; Hebreos 6

Día 315: Lamentaciones 1–2; Hebreos 7

Día 316: Lamentaciones 3–5; Hebreos 8

Día 317: Ezequiel 1–3; Hebreos 9

Día 318: Ezequiel 4–6; Hebreos 10:1–23

Día 319: Ezequiel 7–9; Hebreos 10:24–39

Día 320: Ezequiel 10–12; Hebreos 11:1–19

Día 321: Ezequiel 13–15; Hebreos 11:20–40

Día 322: Ezequiel 16; Hebreos 12

Día 323: Ezequiel 17–19; Hebreos 13

Día 324: Ezequiel 20–21; Santiago 1

Día 325: Ezequiel 22–23; Santiago 2

Día 326: Ezequiel 24–26; Santiago 3

Día 327: Ezequiel 27–28; Santiago 4

Día 328: Ezequiel 29–31; Santiago 5

Día 329: Ezequiel 32–33; 1 Pedro 1

Día 330: Ezequiel 34–35; 1 Pedro 2

Día 331: Ezequiel 36–37; 1 Pedro 3

Día 332: Ezequiel 38–39; 1 Pedro 4

Día 333: Ezequiel 40; 1 Pedro 5

Día 334: Ezequiel 41–42; 2 Pedro 1

Día 335: Ezequiel 43–44; 2 Pedro 2

Día 336: Ezequiel 45–46; 2 Pedro 3

Día 337: Ezequiel 47–48; 1 Juan 1

Día 338: Daniel 1–2; 1 Juan 2

Día 339: Daniel 3–4; 1 Juan 3

Día 340: Daniel 5–6; 1 Juan 4

Día 341: Daniel 7–8; 1 Juan 5

Día 342: Daniel 9–10; 2 Juan 1

Día 343: Daniel 11–12; 3 Juan 1

Día 344: Oseas 1–4; Judas 1

Día 345: Oseas 5–8; Apocalipsis 1

Día 346: Oseas 9–11; Apocalipsis 2

Día 347: Oseas 12–14; Apocalipsis 3

Día 348: Joel 1–3; Apocalipsis 4

Día 349: Amós 1–3; Apocalipsis 5

Día 350: Amós 4–6; Apocalipsis 6

Día 351: Amós 7–9; Apocalipsis 7

Día 352: Abdías 1; Apocalipsis 8

Día 353: Jonás 1–4; Apocalipsis 9

Día 354: Miqueas 1–3; Apocalipsis 10

Día 355: Miqueas 4–5; Apocalipsis 11

Día 356: Miqueas 6–7; Apocalipsis 12

Día 357: Nahúm 1–3; Apocalipsis 13

Día 358: Habacuc 1–3; Apocalipsis 14

Día 359: Sofonías; Apocalipsis 15

Día 360: Hageo 1–2; Apocalipsis 16

Día 361: Zacarías 1–3; Apocalipsis 17

Día 362: Zacarías 4–6; Apocalipsis 18

Día 363: Zacarías 7–9; Apocalipsis 19

Día 364: Zacarías 10–12; Apocalipsis 20

Día 365: Zacarías 13–14; Apocalipsis 21

Día 366: Malaquías 1–4; Apocalipsis 22

ACERCA DEL AUTOR

Derek Prince (1915–2003) nació en India, de padres británicos. Fue educado como experto de los idiomas griego y latín en Eton College y King's College, en Cambridge, Inglaterra. Después de su graduación, obtuvo un profesorado en filosofía antigua y moderna en King's College. Estudió hebreo, arameo y lenguas modernas en Cambridge y en la Universidad Hebrea en Jerusalén. Como estudiante, fue filósofo y se autoproclamó ateo.

Mientras prestaba servicio en el Cuerpo Médico Británico, durante la Segunda Guerra Mundial, Prince empezó a estudiar la Biblia como obra filosófica. Se convirtió a través de un poderoso encuentro con Jesucristo y fue bautizado con el Espíritu Santo pocos días después. De ese encuentro, llego a dos conclusiones: primero, que Jesucristo está vivo; segundo, que la Biblia es un libro verdadero, relevante, y actualizado. Estas conclusiones alteraron todo el rumbo de su vida, que entonces dedicó a estudiar y a enseñar la Biblia como la Palabra de Dios.

En el 1945, al ser dado de baja del ejército en Jerusalén, se casó con Lydia Christensen, fundadora de un hogar para niños allí. Al contraer matrimonio inmediatamente se convirtió en padre de ocho hijas adoptadas por Lydia—seis judías, una árabe palestina y una inglesa. Juntos, la familia vio el renacimiento del estado de Israel en el 1948. A finales de los años 50, los Prince adoptaron a otra hija mientras Prince servía como director de un colegio para adiestrar maestros en Kenya.

En el 1963, los Prince emigraron a los Estados Unidos y pastorearon una iglesia en Seattle. Sacudido por la tragedia del asesinato de John F. Kennedy, él comenzó a enseñar a los norteamericanos cómo interceder por su nación. En el 1973, se convirtió en uno de los fundadores de los *Intercesores por América*. Su libro, *Shaping History through Prayer and Fasting* (Moldeando la Historia a Través de la Oración y el Ayuno), ha despertado a los cristianos alrededor del mundo a su responsabilidad de orar por sus gobiernos. Muchos consideran que las traducciones clandestinas del libro fueron instrumento clave en la caída de los regímenes comunistas de la Unión Soviética, Alemania Oriental y Checoslovaquia.

Lydia Prince murió en el 1975, y en el 1978, Derek contrajo matrimonio con Ruth Baker (una madre soltera con tres hijos adoptados). Él conoció a su segunda esposa, al igual que la primera, mientras ella servía al Señor en Jerusalén. Ruth murió en Jerusalén, en diciembre de 1998, donde habían vivido desde el 1981.

Hasta hace pocos años antes de su muerte en el 2003, a la edad de ochenta y ocho años, Prince persistía en el ministerio al que Dios lo había llamado, viajando por el mundo, impartiendo la verdad revelada por Dios, orando por los enfermos y afligidos, y, compartiendo la visión profética de los eventos del mundo a la luz de la Escrituras. Él escribió más de cincuenta libros, los cuales han sido traducidos a más de sesenta idiomas y distribuidos mundialmente. Fue pionero en la enseñanza de temas avanzados como el de las maldiciones generacionales, la importancia bíblica de Israel y la demonología.

Derek Prince Ministries International (Ministerios Derek Prince), con oficinas internacionales en Charlotte, Carolina del Norte, continúa distribuyendo sus enseñanzas e impartiendo adiestramiento a misioneros, a líderes de la iglesia y a las congregaciones a través de oficinas filiales en más de 140 países en todo el mundo. Su programa de radio, *Keys to Successful Living* (Claves para Una Vida Exitosa) comenzó en el 1979 y ha sido traducido a más de una docena de idiomas. Se estima que las enseñanzas bíblicas de Derek Prince, las cuales son claras, no denominacionales y no sectarias han alcanzado a más de la mitad del globo terráqueo.

Reconocido internacionalmente como erudito bíblico y patriarca espiritual, Derek Prince enseñó y ministró en casi todos los continentes por más de sesenta años. En el año 2002, él dijo: "Es mi deseo—y creo que es el deseo del Señor—que este ministerio continúe la obra que Dios empezó por medio de mí hace sesenta años, hasta que Jesús regrese".